O CAMINHO
ESSENCIAL

NEALE DONALD WALSCH

O CAMINHO ESSENCIAL

SUPERE SEUS MEDOS E ENCONTRE QUEM VOCÊ REALMENTE É

Tradução
Luis Gonzaga Fragoso

1ª edição

Rio de Janeiro | 2023

TÍTULO ORIGINAL
The Essential Path: Overcoming Fear and Finding Freedom in an Ever-Changing World

TRADUÇÃO
Luis Gonzaga Fragoso

CIP-BRASIL. CATALOGAÇÃO NA PUBLICAÇÃO
SINDICATO NACIONAL DOS EDITORES DE LIVROS, RJ

W19c Walsch, Neale Donald
O caminho essencial : supere seus medos e encontre quem você realmente é / Neale Donald Walsch ; tradução Luis Gonzaga Fragoso. - 1. ed. - Rio de Janeiro : BestSeller, 2023.

Tradução de: The essential path: overcoming fear and finding freedom in an ever-changing world
ISBN 978-65-5712-299-0

1. Autoaceitação. 2. Crescimento pessoal. 3. Autoconsciência. 4. Técnicas de autoajuda. I. Fragoso, Luis Gonzaga. II. Título.

23-85877
CDD: 158.1
CDU: 159.923.2

Gabriela Faray Ferreira Lopes - Bibliotecária - CRB-7/6643

Texto revisado segundo o novo Acordo Ortográfico da Língua Portuguesa.

Copyright © 2019 by Neale Donald Walsch
Copyright da tradução © 2023 by Editora Best Seller Ltda.

Todos os direitos reservados. Proibida a reprodução, no todo ou em parte, sem autorização prévia por escrito da editora, sejam quais forem os meios empregados.

Direitos exclusivos de publicação em língua portuguesa para o Brasil adquiridos pela
Editora Best Seller Ltda.
Rua Argentina, 171, parte, São Cristóvão
Rio de Janeiro, RJ – 20921-380
que se reserva a propriedade literária desta tradução.

Impresso no Brasil

ISBN 978-65-5712-299-0

Seja um leitor preferencial Record.
Cadastre-se no site www.record.com.br
e receba informações sobre nossos lançamentos e nossas promoções.

Atendimento e venda direta ao leitor:
sac@record.com.br

Sumário

A proposta	7
As perguntas	9
A consequência	11
A situação	15
A razão	19
As tentativas	25
As crenças	31
A recusa	35
O pressuposto	41
A história	45
A tradição	51
O mal-entendido	55
O instinto	61
O desafio	65
A escolha	71
A decisão	77
A maioria	83
A combinação	89
As curiosidades	93

A ousadia	97
A orientação	103
As ideias	107
As mudanças	115
A chave	121
O trampolim	127
O modo diferente	131
A experiência	135
A conclusão	147
Posfácio	157

A proposta

Resta-nos uma única decisão antes de chegarmos à solução para o maior problema da humanidade.

O impacto dessa decisão será tão poderoso que ela solucionará não apenas o maior problema *coletivo* de nossa espécie, mas o maior problema que cada indivíduo que me lê agora está enfrentando, neste exato momento.

Mas esteja alerta. Talvez essa decisão não seja o que aparenta ser — e *definitivamente* não estará em sintonia com as expectativas da maioria das pessoas, ou com o que é mais aceito pela maioria.

Isso a transforma numa decisão ousada. Talvez a decisão mais significativa de sua vida. Mas não ache que você não sabia disso ao dar início à leitura deste livro. Você sabia exatamente o que estava fazendo.

E por quê.

Não precisamos que ninguém nos diga que a vida no planeta não é aquilo que esperávamos que fosse. Basta observarmos o que está acontecendo todos os dias mundo afora — e, em alguns casos, em nossa própria vida.

Pouquíssimos de nós não sentiram, em algum momento, um profundo desânimo diante do post mais recente, de um noticiário da mídia on-line ou de uma manchete de jornal. E às vezes — muitas vezes, talvez — diante dos desafios que enfrentamos no lar.

Isso nos leva a uma pergunta urgente: é possível — simplesmente *possível* — que exista algo em nós mesmos, na vida e em Deus que não compreendemos plenamente e que, se compreendêssemos, tudo seria diferente?

Para mim, a resposta é óbvia. Para você também?

Se a sua resposta for sim, te convido agora a empreender uma rápida — mas profundamente reveladora — explicação de todas as coisas: o porquê do atual estado de coisas na Terra, quando surgiu o nosso maior problema, qual obstáculo nos impede de alcançar a solução óbvia e de que maneira podemos resolver o problema praticamente da noite para o dia.

Comecemos com mais algumas perguntas urgentes.

As perguntas

E se as ideias mais maravilhosas que você já teve em relação à vida fossem reais?

E se as ideias mais maravilhosas que você já teve a respeito de si mesmo fossem reais?

E se as ideias mais maravilhosas que você já teve em relação a Deus fossem reais?

E se as ideias mais maravilhosas que você já teve quanto ao que acontece após sua morte fossem reais?

Nesse caso, o que seria real para você?

Você acha que haveria alguma diferença entre a sua experiência de vida de *então* e a sua *atual* experiência de vida?

As respostas que você dá a essas perguntas estão hoje definindo o progresso e a direção da sua experiência na Terra. Você sabia disso?

É desnecessário criar sensacionalismo em torno dessas perguntas, mas é verdade: elas é que estão determinando o caminho que você seguirá.

E as respostas *coletivas* da humanidade a tais perguntas estão criando o futuro da espécie, definindo o caminho que *todos nós* seguiremos.

10 | *O caminho essencial*

Será este o caminho que nossa espécie tem trilhado há milhares de anos — o caminho que nos conduziu até aqui, onde nossa vida e nosso mundo estão hoje? É aqui que queremos estar? Esta é a nossa ideia mais maravilhosa em relação à vida? Sobre nós próprios? Sobre Deus?

As ideias são importantes. São as ideias que dão origem às crenças, as crenças que dão origem aos comportamentos, os comportamentos que dão origem à experiência, e a experiência que dá origem à realidade. E, se nossas ideias mais *maravilhosas* se tornarem crenças, a vida no planeta será muito diferente do que é hoje.

Os cientistas cognitivos afirmam que basta que uma em cada dez pessoas se mostre muito entusiasmada com uma ideia para que a massa comece a acompanhá-la. Portanto, o que poderia *levar* uma em cada dez pessoas a acreditar que as ideias mais maravilhosas que já tivemos são reais?

Uma única decisão.

Resta-nos uma única decisão.

Falo sério.

Mas precisamos tomar essa decisão agora mesmo. Se adiarmos, isso começará a trazer consequências reais para todos nós.

A consequência

Vamos parar de evitar esse tema. Temos aqui um grande problema. Estou falando da Terra. E esse problema está afetando nossa vida todos os dias. Individual e coletivamente.

Porém, não há a menor necessidade de ficarmos cabisbaixos ou depressivos por causa disso, pois a solução, de fato, só depende de uma decisão nossa. E ela sequer é difícil. Basta querermos tomá-la.

Muitas pessoas intuitivamente já estão de acordo com essa decisão. Elas só não a incorporaram na própria vida de uma maneira prática provavelmente por estarem esperando que mais alguém também esteja de acordo. Mas não há mais tempo para esperar.

O problema que estamos enfrentando hoje já está afetando muita gente. Ele está presente não apenas nos governos de todos os países, nas empresas ao redor do globo e nas instituições sociais e religiosas do mundo. Está afetando a todos nós. Em lares por todo o planeta já estamos sentindo as consequências.

Então, o que está havendo? Qual é o problema? Vamos apresentá-lo sem rodeios.

O maior problema da humanidade é que a humanidade não sabe qual é o maior problema da humanidade.

Podemos enxergar a *consequência* desse problema à nossa volta, mas aparentemente não enxergamos sua causa.

Ora, você está com um problema de verdade quando sabe que *tem* um problema, mas não entende que problema é esse. Você não sabe o que está provocando as consequências dele, que ficam visíveis no dia a dia. E já faz tanto tempo que a humanidade vive num estado de confusão que isso já criou uma *doença*. Uma doença que agora pode se tornar permanente.

Eis um modo como essa doença se manifesta: mais do que nunca, em tempos recentes, temos ouvido pessoas dizerem que, se *realmente* enfrentamos um problema neste exato momento, é por causa "daquelas outras pessoas" que estão *criando* problemas. "Não tínhamos esses problemas antes", dizem elas, "queremos voltar aos bons e velhos tempos".

Mas quem são exatamente essas "outras pessoas" a que se referem?

Trata-se daqueles imigrantes indesejados, daquelas minorias insatisfeitas, daquelas mulheres infelizes, daqueles extremistas de direita, daqueles esquerdistas dementes, daqueles gays que não toleramos, daqueles estudantes mal-informados, daqueles conservadores estúpidos, daqueles liberais cabeças-ocas, daqueles indolentes beneficiários de programas de assistência social. Esses "outros" são as pessoas que simplesmente têm dificultado as coisas.

Um famoso estrategista político dos Estados Unidos chamado Brad Todd sintetizou isso tudo num tuíte que postou em meados de 2018: "A esquerda de nosso país está disposta a uma convivência com a direita? Ou estamos vivendo uma ruptura de culturas?"

E esse fenômeno não está limitado aos Estados Unidos; tem surgido no mundo inteiro. Mais ou menos nessa mesma época, o economista Paul Krugman se expressou da seguinte maneira em sua coluna no *The New York Times*: "A verdadeira crise está no grande aumento do ódio — um ódio irracional que não tem qualquer relação com os atos praticados pelas vítimas."

Eu compartilho da urgência das perguntas formuladas por Brad Todd e concordo com as observações de Paul Krugman. De repente, a sensação é que vivemos num mundo de *nós* contra *eles*. Em todo o planeta, as pessoas se engajam em favor de um lado ou de outro, e o meio-termo parece estar desaparecendo.

Talvez nem todos estejam sentindo isso, mas todos são capazes de *perceber* a sensação daqueles que realmente estão se sentindo assim. Portanto, todos nós estamos sendo afetados. A cada dia, isso cria manchetes aflitivas, blogs raivosos, discursos repletos de xingamentos, polêmicas infantis nas redes sociais, discussões exaltadas e permeadas pelo bullying, repreensões ásperas e acessos de violência.

E embora talvez não saibamos a *raiz* do problema que a sociedade humana está enfrentando, o *impacto* cumulativo desse problema pode ser resumido numa única palavra.

Alienação.

Estamos vendo isso acontecer com uma frequência cada vez maior. Trata-se das consequências de uma situação conflituosa e lamentável.

A situação

A alienação inevitavelmente surge como consequência de constantes frustrações do cidadão. A frustração do cidadão inevitavelmente surge como consequência de uma constante disfunção social. A disfunção social inevitavelmente surge como consequência de um constante fracasso sistêmico. E é exatamente isso que tivemos até agora: um fracasso sistêmico constante e longevo.

Em nosso planeta, implementamos um amplo leque de sistemas concebidos para melhorar a vida de todos. Tais sistemas não estão funcionando. Há raras exceções, mas no geral a maioria deles não está produzindo os resultados desejados.

Mas é pior do que isso: na verdade, eles estão produzindo o inverso.

Nossos sistemas políticos — criados para oferecer segurança às nações do mundo e às populações — têm produzido, de modo geral, muito mais do que *exatamente o inverso*: desentendimento constante, perigosas guerras comerciais, angustiantes ameaças militares e uma crescente violência entre as pessoas, em todos os níveis.

16 | *O caminho essencial*

Nossos sistemas econômicos — criados para garantir oportunidades e autossuficiência a todos — têm produzido, de modo geral, mais do que *exatamente o inverso*: uma gigantesca desigualdade econômica e um crescimento nos índices de pobreza, de maneira que um punhado de indivíduos (na verdade, menos de dez pessoas) possui mais riquezas e recursos do que 3,5 bilhões de pessoas juntas (quase metade da população do planeta).

Nossos sistemas sociais — criados para promover a alegria da vida em comunidade e construir os alicerces para o alcance da harmonia em meio a populações diferentes — têm produzido, de modo geral, muito mais do que *exatamente o inverso*: discórdia, desigualdades, preconceitos e falta de esperança... com limitadas oportunidades de mobilidade rumo ao topo da pirâmide social e, num número enorme de situações, uma injustiça desenfreada — o que, por sua vez, causa frustração e revolta.

(Até mesmo nossos sistemas de internet — apresentados como a mais recente inovação dos sistemas sociais e originalmente concebidos para aproximar as pessoas através das "maravilhas" das mídias sociais —, dos quais tanto nos vangloriamos, têm produzido, de modo geral, muito mais do que *exatamente o inverso*: um jogo de uns contra os outros por meio da manipulação das emoções, da intensificação das diferenças, da exacerbação dos medos e do envenenamento da mente com a negatividade — coisas que *não* foram capazes de nos aproximar; só nos distanciaram ainda mais.)

E o mais triste de tudo: nossos sistemas espirituais — criados para inspirar um maior amor por Deus e, portanto, um maior amor entre nós — têm produzido, de modo geral, muito mais do que *exatamente o inverso*: um moralismo amargo, uma intolerância surpreendente, uma raiva generalizada, um ódio arraigado e situações em que pretextos são apresentados para justificar a prática da violência.

Ora, talvez você ache que estou exagerando o impacto que isso tudo tem tido. As coisas estão melhor na Terra hoje do que jamais estiveram, certo? Bem, imagino que isso seja verdade para uma parcela da população, mas você sabia que neste exato momento mais de 1,7 bilhão de pessoas não têm acesso a água limpa? Você sabia que 1,6 bilhão de pessoas vivem sem eletricidade em casa? Sabia que, por mais inacreditável que isso possa parecer, 2,5 bilhões de pessoas — mais de um quarto da população do planeta — não têm banheiro em casa, neste primeiro quarto do século XXI?

Esses são muito mais do que meros desconfortos. Os riscos à saúde causados por tal situação levam a milhares de mortes desnecessárias a cada ano. E, falando em mortes desnecessárias, considere a seguinte estatística; a cada hora, mais de 650 crianças morrem de inanição neste planeta.

A cada *hora*.

Inanição? *Sério?* Ao mesmo tempo que, em restaurantes de Tóquio, Paris e Los Angeles, toda noite jogamos fora

18 | *O caminho essencial*

uma quantidade de comida que seria mais do que suficiente para alimentar, durante uma semana, todas as crianças de um remoto vilarejo de um país em desenvolvimento?

Uma rápida espiada nessas estatísticas — até mesmo com o olhar mais desapaixonado — certamente apresenta provas desanimadoras de nossa absoluta dificuldade de compreender (e muito menos oferecer) as respostas mais essenciais para as questões mais básicas e simples que membros de qualquer espécie senciente (supostamente) fariam, mais cedo ou mais tarde: *Quem somos nós? Quem escolhemos ser* como espécie?

O que motiva tudo isso? O que está acontecendo com a raça humana que a torna incapaz de enxergar a si mesma, mesmo quando olha para si própria? Quais são os pontos cegos da humanidade? Qual é a razão disso tudo?

A razão

Mais cedo ou mais tarde, todo indivíduo racional se depara com a seguinte pergunta: é possível — simplesmente *possível* — haver algo que não compreendemos completamente em relação a nós mesmos, à vida, e em relação a Deus... uma compreensão que seria capaz de mudar tudo?

Já está na hora de fazermos essa pergunta em todos os lugares. Nos bancos das igrejas e dos templos, nos corredores das assembleias legislativas, nas salas de reunião das multinacionais e no espaço privado das pequenas empresas, nas praças das cidades, na sala de jantar de nossos amigos e no lar de nossos familiares.

Quero convidá-lo a memorizar essa pergunta e fazê-la às pessoas aonde quer que você vá. Em todo lugar onde esteja acontecendo uma boa conversa, com trocas significativas e um sério empenho para a solução de problemas, *faça essa pergunta*.

Então, enquanto a pergunta estiver pairando no ar, explique às pessoas *por que* elas devem lhe responder com um óbvio *sim*.

20 | *O caminho essencial*

Somos uma espécie muito jovem. Muita gente gosta de imaginar os humanos como seres superevoluídos. Na verdade, só muito recentemente a humanidade saiu de sua infância neste planeta. No livro *New World New Mind* [Um novo mundo, uma nova mente], Robert Ornstein e Paul Ehrlich colocam essa ideia em perspectiva num único e arrebatador parágrafo:

> Suponha que a história da Terra seja traçada no calendário de um único ano, sendo que a meia-noite de 1º de janeiro representa a origem da Terra, e a meia-noite de 31 de dezembro, o momento presente. Então, cada dia do "ano" terrestre equivaleria a 12 milhões de anos da história real. Nessa escala, a primeira forma de vida, uma simples bactéria, surgiria em algum momento de fevereiro. Porém, formas de vida mais complexas aparecem muito mais tarde. Os primeiros peixes, por volta de 20 de novembro. Os dinossauros surgem mais ou menos em 10 de dezembro e desaparecem no dia de Natal. Nossos primeiros ancestrais reconhecíveis como humanos viriam apenas na tarde do dia 31 de dezembro. O *Homo sapiens* — a nossa espécie — apareceria aproximadamente 23h45... e tudo o que aconteceu na história já registrada ocorreria no último minuto do ano.

Considero brilhante esse trecho. Em poucas palavras, esses dois cavalheiros condensaram uma quantidade enorme de informações em dados minúsculos e acessíveis, que nos permitem compreender facilmente por que continuamos a agir do modo como agimos e por que, como espécie global, ainda não tomamos a decisão ousada.

O fato de sermos uma espécie jovem não justifica as nossas ações, mas nos permite enxergar a natureza do desafio. Nós simplesmente precisamos crescer. Precisamos parar de agir como crianças. E temos que fazer isso agora. Hoje. Não daqui a dez ou vinte anos. Agora. Neste exato momento.

Precisamos cessar as ameaças de guerra — a exibição de músculos militares entre nações, como quem diz "meu míssil é maior que o seu", o que poderia, de uma hora para outra, levar à morte de centenas de milhares de pessoas e à dizimação de países inteiros.

Precisamos deixar de fazer pouco caso dos desastres — o tipo de apatia que nos aconselha a "simplesmente ignorar" e que resulta no sofrimento de bilhões de pessoas no planeta devido a problemas que poderíamos resolver facilmente.

Precisamos parar com a hipocrisia — o tipo de comportamento "digo uma coisa, mas faço outra", que nos permite matar pessoas intencionalmente sob a autoridade do Estado, para ensinarmos que a matança intencional não é uma coisa boa; que nos permite deixar nossos filhos expostos a videogames, programas de televisão e filmes que retratam violência, violência e mais violência, embora falemos em criar uma geração que, assim esperamos, não vai considerar a violência o primeiro recurso na resolução de conflitos, mas que, na verdade, vai repudiá-la.

Precisamos abandonar os hábitos que nos fazem ignorar tudo o que for bom para nós — e, consequentemente, nos levam a consumir alimentos não saudáveis, inalar substâncias cancerígenas e, de modo irresponsável, ingerir bebidas que lesam o cérebro e danificam o fígado — ao mesmo tempo que exaltam as virtudes de um estilo de vida saudável.

Precisamos acabar com o pensamento arcaico — um modo de abordar a vida aferrado ao passado, que nos mantém presos a uma antiga história da civilização que nos motiva a priorizar os interesses, necessidades e desejos individuais, ainda que à custa de pessoas que não consideramos parte do "nós".

Precisamos renunciar, simplesmente *renunciar* nosso comportamento atual e fazer emergir do interior uma nova maneira de ser humano — uma maneira que nos permita acolher a singularidade sem criar separações, expressar nossas diferenças sem criar divisões, e aceitar pontos de vista diferentes sem criar conflitos.

Tudo isso é possível, mas nos exigirá uma atitude muito corajosa. Precisamos nadar contra a maré, adotando um estilo de vida que, ao longo da história humana, foi escolhido somente por um punhado de pessoas. Diante de nosso comportamento, precisamos perguntar: "O que estamos escolhendo?", "Por que estamos escolhendo isso?". E depois perguntar: "Por que não escolher Deus?" E teremos que compreender o que exatamente *queremos dizer* quando fazemos a nós mesmos o convite de escolher Deus.

Precisamos ter clareza de que a pergunta que fazemos é: por que não optar por viver a experiência de Deus como parte de nós, como a experiência a partir da qual todos os seres e todos os aspectos da vida são formados?

A grande ironia é que as pouquíssimas pessoas que seguiram esse caminho e acolheram esse estilo de vida são as mesmas por quem dizemos ter o maior respeito — mesmo que tenhamos nos recusado a adotar o estilo de vida delas. Portanto, nós consideramos irrelevante para nós próprios aquilo que respeitamos nos outros.

Ou então isso tudo é de fato relevante para nós, mas consideramos que ter essas experiências é virtualmente impossível. Mesmo que os humanos que seguiram esse caminho *tenham nos mostrado exatamente como fazê-lo.*

Ora, para sermos justos em nossa avaliação da humanidade, certamente nos empenhamos na busca de uma resposta para nossos problemas. E muito. A dificuldade não está no fato de não termos *tentado*, e sim no *modo* como temos feito isso. A falha não está na intenção, mas na maneira como temos realizado essas tentativas.

As tentativas

Há muito tempo nossas tentativas de abordar os problemas da humanidade nos têm levado a um beco sem saída. E isso continua a acontecer ainda hoje.

Resumindo numa frase: seguimos tentando resolver os problemas da humanidade *em todos os níveis, com exceção do nível em que os problemas realmente estão.*

Isso acontece porque, conforme afirmamos no início, não temos clareza sobre a *causa* dos problemas. Então...

... primeiro tentamos resolver nossos problemas como se eles fossem problemas políticos, pois estamos habituados, neste planeta, a recorrer à pressão política para levar as pessoas a fazer aquilo que aparentemente não querem.

Promovemos debates, elaboramos e aprovamos leis, e adotamos resoluções em todo tipo de assembleias, nos níveis local, regional, nacional e global, a fim de "legislar sobre moralidade". Consideramo-nos capazes de resolver o problema usando palavras. Mas isso não funciona. Qualquer solução a curto prazo que encontremos desaparecerá rapidamente, e os problemas voltarão a surgir. Eles não vão sumir.

26 | *O caminho essencial*

Então dizemos: "Está bem, esses não são problemas políticos e não podem ser resolvidos pela via da política. Talvez sejam problemas econômicos." Mas, como estamos habituados, neste planeta, a recorrer ao poder econômico para levar as pessoas a fazer aquilo que aparentemente não querem, então tentamos "comprar moralidade". Consideramo-nos capazes de resolver os problemas usando dinheiro.

Distribuímos dinheiro a essas pessoas ou nos recusamos a lhes entregar dinheiro (por exemplo, por meio de sanções), buscando a solução dos problemas através da manipulação do fluxo de caixa. Mas isso não funciona. Qualquer solução a curto prazo que encontremos desaparecerá rapidamente, e os problemas voltarão a surgir. Eles não vão sumir.

Então dizemos: "Certo, esses não são problemas econômicos e não podem ser resolvidos pela via da economia. Talvez sejam problemas militares." Mas, como estamos habituados, neste planeta, a recorrer ao poder militar para levar as pessoas a fazer aquilo que aparentemente não querem, então tentamos "forçar a moralidade". Consideramo-nos capazes de resolver os problemas usando armas.

Nós ameaçamos (isso quando não *decidimos* de fato) lançar mísseis e bombas sobre eles. Mas isso não funciona. Qualquer solução a curto prazo que encontremos desaparecerá rapidamente, e os problemas voltarão a surgir. Eles não vão sumir.

Então, quando não há mais nenhuma solução, dizemos: "Esses problemas não são fáceis. Ninguém achava que eles poderiam ser resolvidos da noite para o dia. Esse vai ser um trabalho árduo e demorado. Muitas vidas talvez sejam perdidas ao tentarmos resolver esses problemas. Mas não vamos desistir. Vamos resolver esses problemas mesmo se tivermos que morrer por essa causa." E nem sequer enxergamos a ironia contida em nossas próprias afirmações.

Depois de certo tempo, porém, até mesmo seres primitivos com uma consciência muito limitada se cansam de toda a matança nas guerras, de todo o sofrimento e das mortes de mulheres e homens, crianças e idosos, em razão dos efeitos devastadores de um conflito constante. E então, já tendo deparado com uma infinidade de consequências trágicas, para as quais não vemos solução no horizonte, dizemos que é hora de pedir trégua e tentar negociar a paz. E então o ciclo recomeça...

Retomamos as barganhas, adotamos novamente a politicagem como meio de resolver problemas. E é muito comum que as negociações pela paz incluam discussões sobre reparações, sobre o fim das sanções e sobre assistência para a recuperação econômica dos países. Então buscamos novamente como solução a manipulação de dinheiro. E, logo que essas soluções perdem sua eficácia a longo prazo, retomamos as ameaças e o efetivo uso das armas.

E assim a situação continua, indefinidamente. Assim tem sido ao longo de toda a história humana. O nome dos principais agentes e os tipos de armas mudaram, mas o script é o mesmo.

Esta é, claro, a clássica definição de insanidade: *fazer a mesma coisa repetidas vezes esperando um resultado diferente.*

28 | *O caminho essencial*

Somente culturas primitivas e seres primitivos é que fazem isso. Mas parece que não mudamos — ou simplesmente *nos recusamos* a mudar — nossas práticas, pois estamos bastante acostumados a forçar soluções para nosso mundo. No entanto, soluções forçadas nunca são reais. Elas não passam de um adiamento.

A grande tragédia e a grande tristeza da humanidade é que estamos sempre dispostos a optar por um adiamento em vez de buscar soluções. Seres altamente evoluídos jamais recorrem a adiamentos consecutivos para solucionar seus maiores problemas.

É difícil acreditar que, em 1879, em sua última fala em público, Victor Hugo profetizou: "No século XX, não haverá mais guerras... não haverá mais ódio, não haverá mais limites de fronteiras, não haverá mais dogmas..."

A Wikipédia, em sua página sobre esse venerado poeta, romancista e dramaturgo francês, nos diz que, "ao longo de toda sua vida, Victor Hugo seguiu acreditando no irrefreável progresso da humanidade". Eu acrescentaria a isso: o que ele certamente não imaginou é que os humanos levariam tanto tempo para reunir a coragem necessária para enfrentar o maior problema da espécie.

Temos evitado esse tema de todas as formas possíveis, e o resultado é que continuamos, século após século, tentando resolver o problema do mundo em todos os níveis, exceto no nível em que ele existe.

Temos feito a mesma coisa em nossa vida privada. Primeiro tentamos resolver os problemas individuais por meio de conversas, de barganhas e da politicagem. (Sabemos bem qual é a "política mais adequada" a ser adotada — a postura necessária para manter o poder e as vantagens em nossos relacionamentos pessoais. E, sim, essa "política" está presente até mesmo nas famílias e nos lares.)

Quando isso não funciona, distribuímos dinheiro aos nossos familiares ou então nos recusamos a lhes dar ajuda financeira — fazendo gastos exorbitantes na busca pela felicidade ou impondo sérias restrições orçamentárias ao nosso lar, como uma forma de economia.

Quando isso não funciona, recorremos à truculência. Berrando, esmurrando mesas, batendo portas, adotando uma postura autoritária, dando ultimatos desagradáveis, até recorrermos enfim ao derradeiro jogo de poder pessoal: rasgamos acordos, quebramos promessas, dissolvemos parcerias profissionais, abandonamos o parceiro ou terminamos o casamento — tudo isso, se tivermos sorte (mas não inevitavelmente), sem violência física.

Não parece que já chegou a hora de retirarmos a venda dos olhos para enxergar a situação como ela realmente se apresenta?

O problema que a humanidade está enfrentando hoje não é político, não é econômico e não é militar.

O problema que a humanidade está enfrentando hoje é espiritual, e só pode ser resolvido pela via espiritual.

Nós, como civilização, precisamos começar a examinar nossas crenças mais sagradas.

As crenças

Sob vários aspectos, "crença" é apenas uma palavra alternativa para "espiritualidade". Trata-se de uma palavra mais amistosa, menos ameaçadora ou agressiva, mas ela diz respeito à mesma coisa: àquilo que nos é caro, àquilo que julgamos ser a nossa verdade mais secreta.

A crenças são uma coisa astuciosa. Elas podem tanto lhe oferecer apoio quanto derrotá-lo. No plano individual e também no coletivo.

Hoje em dia bilhões de pessoas no planeta Terra — vamos chamá-las de Grupo Um — acreditam que, depois de nossa experiência física atual, continuamos a existir na condição de entidades não físicas que vivem eternamente.

Elas também acreditam que *o modo* como nossa existência continua — seja ela como uma experiência maravilhosa ou uma experiência dolorosa — depende das coisas que fazemos ou deixamos de fazer, daquilo em que acreditamos ou deixamos de acreditar, em nossa passagem pela Terra.

Na opinião delas, simplesmente aconteceu de nos "encontrarmos" aqui, e, na visão delas, isso nada tem a ver

32 | *O caminho essencial*

com nossa chegada, mas tem tudo a ver com o que acontecerá após nossa partida.

Essas crenças, com algumas pequenas variações, constituem os alicerces de grande parte das maiores religiões do mundo.

Muitas outras pessoas — o Grupo Dois — *não* acreditam que nós existimos eternamente. Elas acreditam que sua vida é um incidente biológico, resultante de determinadas interações químicas de outras pessoas, e que ela acabará com o fim de suas próprias interações químicas. Elas acreditam que, quando chegar o momento daquilo que chamam de "morte", simplesmente deixarão de existir.

Outras — o Grupo Três — ainda acreditam que, *antes* desta atual vida física, nós já existíamos e que de fato continuaremos a existir *depois* desta vida, mantendo a autoconsciência, o autoconhecimento e o senso de identidade particular bastante intactos.

Elas também acreditam que cada um de nós é um aspecto da essência essencial do universo (que alguns chamam de Divindade), o que corresponde à nossa verdadeira natureza e que, portanto, a natureza ou a atmosfera de nossa eterna existência nada tem a ver com recompensas ou punições.

De acordo com esse grupo de pessoas, a vida no além nunca será permeada pela agonia, mas por uma alegria silenciosa, por um êxtase interior e pela consciência serena e pacífica de quem e do que realmente somos, acompanhada pela expressão e pela experiência — sempre em expansão

— dessa consciência por meio de uma série contínua de materializações geralmente chamadas de "reencarnações".

Segundo a crença desse grupo, não nos "encontramos" simplesmente nesta Terra, sem a menor relação com nossa chegada. Viemos aqui de propósito, manifestando-nos materialmente com uma intenção particular e específica, que é idêntica para todos (a contínua evolução da alma), mas vivenciada de modo singular em cada um de nós, conforme nossos modos de expressão individualizados (assim como diferentes músicos talvez executem a mesma peça musical de maneiras completamente distintas).

Não importa a qual grupo elas pertençam, muitas pessoas, ao considerar suas crenças, nunca serão capazes de reconhecer ou admitir a *possibilidade* de elas não serem totalmente verdadeiras — ou mesmo que possam estar completamente equivocadas. Elas afirmam que suas crenças sobre Deus e a vida são indiscutíveis, irrefutáveis, incontestáveis. Elas lhe dirão que tais crenças são as ideias mais maravilhosas que já tiveram a respeito desses temas.

Ora, nada disso teria grande importância se todos nós guardássemos conosco nossas crenças mais sagradas, impedindo que elas se infiltrem ou afetem nossa experiência exterior coletiva. No entanto, que sentido faria termos crenças sagradas se não temos a intenção de *vivê-las* em nossa vida diária, *incorporando-as* à nossa experiência de vida diária?

Percebemos, portanto, quantas das crenças espirituais da humanidade (incluindo a descrença em Deus e na espiritualidade) acabam extravasando para o terreno da política, da economia e das estruturas sociais de toda espécie.

O problema não é o fato de levarmos nossas crenças mais sagradas para o mercado de ideias. O problema está *no que consistem* essas ideias sagradas e no fato de que nosso conceito sobre como esses pontos de vista se aplicam ao direito civil, à política, à economia e às estruturas sociais *também* se torna enrijecido, indiscutível, irrefutável e incontestável.

Tanto a inexatidão de algumas de nossas crenças quanto a nossa absoluta intransigência ao expressá-las nas interações privadas e públicas estão produzindo a Alienação. Nas ruas. Em encontros públicos. Em postagens nas redes sociais. Em assembleias legislativas. Em casa.

(Decidi grafar "Alienação" com a inicial em maiúscula a partir deste trecho porque esse conceito representa o desafio central, principal, o desafio com o impacto mais negativo de nossa época, um desafio que representa uma ameaça à civilização e leva à ruptura de nosso contrato social.)

Em toda parte, seres humanos de boa vontade anseiam por saber: há *alguma coisa*, em meio a isso tudo, que possa ser melhorada, corrigida ou alterada? Será que estamos deslizando ladeira abaixo num terreno escorregadio, num movimento que não pode ser interrompido?

A resposta à primeira pergunta é sim. A resposta à segunda pergunta é não. Mas, se quisermos interromper essa descida, precisaremos começar a recusar a nossa constante *recusa*.

A recusa

Conforme já observei anteriormente, nossas crenças mais importantes são aquelas que adotamos, nas quais nossas decisões estão baseadas e com as quais racionalizamos nossas escolhas. Elas são as lentes através das quais olhamos e, em grande medida, aquelas que determinam o que vemos. (Tendemos a enxergar coisas antes mesmo de olhar para elas.)

Para a maioria das pessoas, as mais sagradas dessas crenças são as ideias, os entendimentos, as convicções e as percepções que adotaram e que nelas tiveram um profundo enraizamento em relação ao que é verdadeiro sobre a vida, sobre a forma como se relacionam com os outros, sobre o próprio funcionamento da vida, sobre quem somos e as razões pelas quais estamos aqui, sobre Deus (incluindo a crença de que Deus *não* existe) e sobre o verdadeiro objetivo de toda a experiência que estamos tendo na Terra. Essas crenças específicas são fundamentais, pois são o combustível responsável por alimentar o motor de nossa vida, tanto no plano coletivo quanto no individual.

36 | *O caminho essencial*

Considerando a grande importância que atribuímos a essas crenças, pode-se imaginar que as pessoas as examinam com frequência, no mínimo para saber se essas ideias ainda permanecem válidas e verdadeiras. Porém, a maioria das pessoas não as examina. Na verdade, faz exatamente o contrário. Não examina de perto suas crenças mais caras, de jeito nenhum. Nunca.

Por que tantas pessoas se recusam a admitir que suas crenças talvez contenham falhas, por menores que sejam, ou que talvez seja a hora de mudá-las, pois os tempos mudaram? O que poderia explicar a relutância dessas pessoas?

Essa relutância tem a ver com a origem dessas crenças. Para a maioria dos indivíduos, isso envolve as pessoas por quem eles foram criados. Também vai além da família imediata — sua tribo, seu clã, sua raça, seus professores, pessoas que lhe serviram de exemplo, os idosos de sua comunidade. Por fim, envolve a religião que lhes foi transmitida, a filosofia e a política que eles adotaram, e suas histórias pessoais. E, como essas fontes são tão significativas no plano individual, a maior parte da humanidade se encontra empacada num lugar muito incomum.

Não é como se estivéssemos empacados em qualquer outra esfera da vida coletiva. Nem na ciência, na tecnologia ou na medicina. Estamos empacados apenas em relação a nossas crenças mais caras e sagradas.

Em todas as importantes esferas em que ocorrem as iniciativas e os empreendimentos humanos, há *algo que temos nos mostrado dispostos a fazer* que tornou tais iniciativas produtivas, proveitosas e imensamente benéficas. Porém, há uma esfera — ironicamente, a esfera mais importante da vida: nossas crenças... — em que *temos adotado uma recusa incondicional em agir.*

Na ciência, nossa disposição para agir tem resultado em descobertas extraordinárias. Na medicina, nossa disposição para agir tem resultado em avanços fantásticos. Na tecnologia, nossa disposição para agir tem resultado em invenções impressionantes.

E o que temos feito *em todas as demais esferas da vida,* mas que obstinadamente nos *recusamos* a fazer na esfera mais importante — a das nossas crenças?

QUESTIONAR OS PRESSUPOSTOS

Na ciência, a simples *razão* que nos permitiu descobrir algo que não compreendíamos antes é que, no momento em que julgamos ter encontrado a resposta, estávamos dispostos a *questionar os pressupostos.*

Na medicina, a simples *razão* que nos permitiu descobrir a cura ou um novo e milagroso procedimento é que, no momento em que julgamos ter encontrado a resposta, estávamos dispostos a *questionar os pressupostos.*

Na tecnologia, a simples *razão* que nos permitiu imaginar ou conceber uma nova ferramenta ou dispositivo é que, no momento em que julgamos ter encontrado a resposta, estávamos dispostos a *questionar os pressupostos.*

38 | *O caminho essencial*

Em todas essas áreas, nunca houve algo que *considerá-vamos* tão sagrado a ponto de não poder ser questionado. Pode levar algum tempo, talvez o façamos com alguma relutância, mas cedo ou tarde as grandes conquistas aparecem porque finalmente questionamos os pressupostos.

Mas isso não acontece na esfera de nossas crenças mais sagradas. Nessa esfera, apegamo-nos à Ideia Original e à Primeira Versão das Coisas, aconteça o que acontecer. "Isso é o que nos mandaram fazer, isso é o que conhecemos, e é assim que as coisas são", dizemos.

Ora, se tivéssemos esse tipo de atitude na medicina para fazer uma cirurgia no cérebro, hoje estaríamos usando um pedaço de pau com uma ponta afiada. Se tivéssemos esse tipo de atitude na tecnologia, hoje estaríamos tentando lançar um satélite de comunicações usando uma pilha de bananas de dinamite. Se tivéssemos esse tipo de atitude na ciência, hoje estaríamos buscando desvendar os mistérios do universo usando um ábaco.

Precisamos hoje fazer com as nossas crenças o mesmo que temos feito em todas as demais áreas de atividade humana. *Temos que abandonar a tentativa de resolver problemas modernos com ferramentas antiquadas.*

Certa vez, um professor muito sábio me perguntou: "Quem você precisaria refutar para poder fazer as coisas corretamente?" Enquanto você tiver a necessidade de "corrigir" suas *fontes*, talvez nunca consiga corrigir um erro no seu *universo*.

Precisamos nos dar a permissão de questionar nossas crenças mais sagradas em relação à vida — e até mesmo em relação a Deus. Precisamos da disposição de questionar a autoridade. Na verdade, questionar a autoridade suprema. Precisamos tomar a ousada decisão de *escolher Deus* — de uma maneira nova, de uma maneira que nunca tentamos antes — ou de não escolher. E a maior coragem de todas: questionar aquilo que supomos conhecer *sobre* Deus.

Portanto, a questão que hoje se coloca diante da humanidade é: temos a coragem para fazer isso? Temos a necessária coragem para considerar a possibilidade de que nosso *pressuposto* em relação a todas as interações humanas foi o responsável por criar nossas batalhas diárias e a crescente tensão presentes na vida atual de bilhões de pessoas na Terra?

O pressuposto

O maior e o mais prejudicial dos pressupostos em relação à vida que grande parte da humanidade se recusa a questionar é o pressuposto da separação.

Quero compartilhar com você uma história fascinante sobre o modo pelo qual, para início de conversa, chegamos a esse pressuposto. Mas, antes disso, vamos examinar o impacto mais poderoso desse pressuposto na vida cotidiana. Ele está no conceito predominante da humanidade sobre o que algumas pessoas chamam de Deus.

Esse pressuposto exerce um grande impacto, pois a maior parte das pessoas que acredita em Deus (e elas, a propósito, representam de longe a maioria da população deste planeta — um fato que não é de pouca importância) aceita aquilo que poderíamos chamar de teologia da separação. Esse é um modo de olhar para Deus segundo o qual Ele está "lá em cima", nós estamos "aqui embaixo" e ambos jamais se encontrarão, exceto no Dia do Juízo Final, quando descobriremos se nosso comportamento foi razoável o suficiente para nos permitir o retorno ao paraíso.

42 | *O caminho essencial*

O fato de bilhões de pessoas considerarem verdadeira alguma versão dessa ideia talvez não tivesse grande importância se essa ideia começasse e terminasse aqui. Mas a questão da teologia da separação é que ela cria, com grande frequência e em muitas pessoas, uma cosmologia da separação. Ou seja, uma maneira de olhar para a totalidade da vida segundo a qual tudo está separado do resto.

Isso não seria tão ruim se fosse apenas um ponto de vista, mas a questão da cosmologia da separação é que ela cria, com grande frequência e em muitas pessoas, uma psicologia da separação. Ou seja, um ponto de vista psicológico que afirma: "Eu estou aqui, você está aí, e cada um de nós tem necessidades e exigências distintas, desejos distintos e, portanto, prioridades distintas."

Isso também é algo com que seria possível conviver se essa ideia se limitasse a um simples ponto de vista, mas a questão da psicologia da separação é que ela cria, com grande frequência e em muitas pessoas, uma sociologia da separação. Ou seja, uma maneira de socializar que estimula todos na sociedade humana a se reunir em grupos, culturas, nações, religiões, partidos políticos, famílias e empresas distintas, cada qual servindo a seus próprios interesses individuais.

Hoje estamos diante de algo com que *não somos capazes* de conviver, pois a sociologia da separação cria, com grande frequência e em muitas pessoas, uma patologia da separação. Ou seja, um comportamento patológico de autodestruição com o qual nos envolvemos nos planos

O pressuposto | 43

individual e coletivo, e que produz sofrimento, conflito, violência e mortes — dos quais temos tido provas visíveis em todo o mundo, ao longo da história humana.

A ideia de que cada coisa está separada de todo o restante é a principal razão que explica o atual estado do mundo e o maior obstáculo à rápida expansão do potencial humano.

A nossa história de separação é tão antiga quanto a própria humanidade. É fascinante considerarmos o modo pelo qual essa história provavelmente se tornou um elemento essencial de nossa cultura, imaginando o que chamarei de uma história muito plausível.

A história

Se você deixasse cair um baralho de cartas no chão e, na sequência, encontrasse essas cartas em perfeita disposição, divididas por naipe e em ordem numérica crescente, você não chamaria isso de coincidência. Diria que, em circunstâncias comuns, isso é uma impossibilidade e concluiria que deve haver algo mais amplo em jogo.

O mesmo poderia ser aplicado ao universo. A impecabilidade dessa complexidade e a absoluta perfeição como "essas cartas caíram" são tão indefectíveis para serem consideradas resultados de uma mera coincidência. As chances do cosmos não ter manifestado "de modo acidental" ou "aleatório" sua mecânica e o simples deslumbramento de seus seres sencientes são — para empregarmos um termo bem escolhido — astronômicas. Algo maior certamente está em jogo.

A pergunta é: o que é esse algo? Qual é o seu objetivo? Qual é o seu desejo, se é que ele o tem? Quais são os pré-requisitos exigidos por esse algo? O que esse algo precisa de nós, quer de nós, exige de nós, nos manda fazer, e por que nos critica caso não atendamos seus pedidos?

Essas perguntas não são irrelevantes. Temos buscado respostas a elas desde os primórdios da vida como seres sencientes na Terra.

O que hoje chamamos de "autoconsciência" provavelmente surgiu quando começamos a ver ou conhecer a nós mesmos individualmente. Talvez a visão do próprio reflexo nas águas da piscina natural de uma caverna é que tenha despertado essa percepção. Consigo facilmente imaginar que tenha acontecido assim. Levantamos a mão para coçar a cabeça quando, de repente, vimos o "homem na piscina" fazendo a mesma coisa... e logo começamos a conceber o eu.

Nós já tínhamos reparado que esse eu era "diferente" dos outros. E, em nossa mente primitiva, confundimos "diferente de" com "separado de".

O passo seguinte na criação da percepção de uma separação talvez tenha surgido quando nos sentamos ao redor da fogueira em nosso clã e nos percebemos assustados com o repentino clarão de um raio na noite escura, seguido de um estrondoso trovão.

Aflitos, olhamos em volta da fogueira e, com as expressões faciais e verbais com que então podíamos contar, perguntamos uns aos outros: "Foi você que fez isso?" Quando todos do clã, em pânico, responderam "Não!", percebemos, espantados: existe algo além de nós.

Esse algo além, conforme a impressão que tivemos a partir de eventos posteriores, era muito mais poderoso do que nós. Ele era capaz de provocar o vento, a chuva e tem-

A história | 47

pestades violentas; de intensificar e abrandar feitiços que — segundo nossa sensação — poderiam durar para sempre; de criar assustadores tremores de terra e até mesmo rachaduras no chão sob nossos pés. Era capaz até mesmo de começar, sozinho, incêndios nas florestas.

Tivemos então a clareza de que precisávamos encontrar um modo de controlar esse algo além; caso contrário, nossa vida ficaria eternamente à sua mercê. No entanto, não conseguíamos conceber uma forma de fazer isso. Tentamos de tudo. Sabíamos que era preciso encontrar um jeito de apaziguar os deuses.

É claro que não dávamos aos elementos da vida o nome de "deuses". Esse nome surgiu muito mais tarde. Mas consideramos, de fato, esse algo além como um aspecto de nossa existência que era, ao mesmo tempo, poderoso e incontrolável.

Notamos que membros de nosso próprio clã estavam vivendo exatamente a mesma experiência, pois aquela era a época da truculência, em que o maior, o mais forte e o mais brutal dentre nós se comportava de modo descontrolado em meio à vida coletiva do clã, sempre conseguindo as coisas do jeito que queria.

Havíamos aprendido, como espécie, que a força física nos era necessária para a sobrevivência; portanto, os postos mais altos no clã eram destinados aos mais fortes. Havia um empenho constante para apaziguá-los. A eles eram trazidas oferendas de todo tipo, desde virgens atraentes e prontas para o casamento até lindos produtos extraídos das riquezas naturais da Terra.

48 | *O caminho essencial*

A certa altura, quando o mais truculento de nosso clã ficava mais irritado e emburrado que de hábito, devido a uma seca duradoura e aos sacrifícios por ela impostos a ele e a todo o clã, nos juntávamos a outras pessoas em nosso pequeno grupo para fazer o necessário para acalmá-lo, a fim de evitar que ele descontasse a ira em nós — algo que já acontecera antes.

Organizamos para ele uma "festa" no acampamento, cantamos e dançamos para ele. Alguém do grupo apanhou um galho morto de uma árvore próxima e o sacudiu como parte da coreografia de sua dança, as folhas secas do galho produzindo um som rítmico que combinava com seus movimentos enquanto ele rodopiava em torno da fogueira.

Aconteceu que, naquele exato momento, os céus se abriram, e uma repentina chuva torrencial encharcou o lugar. Todos ficaram muito abalados! E, em razão do limitado desenvolvimento intelectual do clã até então, atribuiu-se à dança com o galho a origem das águas caídas do céu, que acabaram com a seca.

Fora encontrado um modo — qualquer que tenha sido ele — de agradar e apaziguar o algo além, que provocou a seca e, posteriormente, a chuva! Fora encontrado um modo de obrigar aquele algo além a realizar uma expectativa nossa! Ficamos todos muito empolgados! O homem-chuva foi elevado a uma posição de alto status, que só perdia em importância para o Líder do Clã.

Assim, daquele dia em diante, o mais inteligente se colocava em posição igual à do mais truculento. "Rituais" e uma classe distinta dentro do clã também foram criados.

Segundo a crença do clã, os movimentos conjuntos da dança, do galho e do homem-chuva criavam a chuva. Então, com o passar do tempo, a dança de fato *passou a criar* chuva, cada vez mais. E isso estava longe de ser uma coincidência. A *crença* metafísica dos membros do clã, todos eles acreditando na mesma ideia e do mesmo jeito, tinha o poder de produzir um resultado.

Resumindo, a fórmula para a criação funcionava! O processo metafísico — seja ele moderno ou antigo — muitas vezes produz materialmente tudo aquilo em que uma coletividade acredita com fervor. E, sim, também aquilo em que um indivíduo obstinado acredita. Naquele primeiro momento no acampamento dos moradores da caverna, a certeza do clã, sua esperança contínua e fervorosa, seu desejo mais sincero de que a seca terminaria é que havia criado aquele resultado.

Mas a coincidência de ter chovido no exato momento em que a ruidosa dança acontecia não podia ser ignorada. Então, o clã tirou desse episódio uma conclusão imprecisa. Os primeiros humanos lidavam com a alquimia do universo sem conhecê-la. Eles atribuíam a chuva à dança, atribuíam-na ao homem-chuva que a dançava, mais do que a seus próprios pensamentos, a seus desejos mais ardentes. Tratava-se do poder dele, não do desses humanos; do ritual dele, não da energia coletiva daquele grupo. Eles não tinham nada a ver com aquilo.

E assim nasceu... a religião. E dentro da cultura humana a religião se tornou uma tradição duradoura.

A tradição

Não há registro histórico, nem mesmo uma conjectura feita por eruditos em cosmologia, que possa indicar que a narrativa anterior seja baseada em fatos. Essa história toda é fruto de minha imaginação. Foi um insight que tive ao refletir profundamente sobre como as coisas podem ter acontecido no passado.

E, embora toda essa história possa ser irreal, acredito que isso ou algo bastante semelhante pode muito bem ter ocorrido na vida dos primeiros seres humanos. Também acredito que em nossas tradições foram sendo enraizadas uma percepção de separação, uma percepção de que há algo além e uma percepção de que deve existir, no fim das contas, um modo de *controlar* ou *influenciar* esse algo além.

E, à medida que a compreensão humana foi adquirindo sofisticação, a espécie começou a buscar uma maneira mais elaborada de ter acesso a esse controle e essa influência, tentando "apaziguar os deuses"… e, muito mais tarde, tentando agradar o singular poder maior que os humanos acreditavam realmente existir.

52 | *O caminho essencial*

Quanto a isso tínhamos razão. *Existe* um poder maior, ao qual os humanos têm feito referência usando vários nomes no decorrer da história e até hoje.

Um homem chamado Colin me escreveu um e-mail muitos anos atrás, incluindo o que ele imaginava ser uma lista não exaustiva de nomes dados aos deuses nos quais várias sociedades têm acreditado em diferentes momentos da história. Nunca descobri o sobrenome de Colin, mas sou muito grato a ele por essa pesquisa.

Estão incluídos na lista de Colin os seguintes nomes atribuídos a Deus: Adade, Adonai, Aegir, Akshar, Alfar, Alá, Amaterasu, An, Angus, Anshar, Anu, Anúbis, Afrodite, Ahura-Mazda, Apolo, Apsu, Ares, Ártemis, Atena, Ashur, Atégina, Aton, Átis, Atum, Baco, Balder, Bastet, Bes, Belenos, Benzaiten, Beyla, Bil, Bishamonten, Bragi, Brama, Brigid, Byggvir, Ceres, Cupido, Cibele, Dagda, Dagr, Daikoku, Damkina, Dana, Deméter, Deus, Diana, Dioniso, Dís, Divina Mãe, Divindade, Ea, Ebisu, Eckankar, Eir, El-Gabal, Elohim, Elves, Endovélico, Enki, Enlil, Eos, Eostre, Epona, Ereshkigal, Éris, Forseti, Freya, Freyr, Frigg, Fukurokuju, Fu Lu Shou, Gaia, Ganesha, Geb, Hapi, Hari, Hator, Heimdall, Hefesto, Hécate, Hélio, Hera, Hermes, Herne, Héstia, Heknet, Hoenir, Holda, Hórus, Hotei, Hretha, Iduna, Imhotep, Inana, Inari, Indra, Inti, Ishtar, Ísis, Izanagi, Izanami, Jano, Jeová, Jord, Juno, Júpiter, Jurojin, Khepri, Khnum, Kingu, Kishar, Kon, Krishna, Lofn, Loki, Lug, Maahes, Ma'at, Mahesh, Maia, Mama Cocha, Mama Quilla, Manco Cápac, Manitu, Marduk, Marte, Matilde, Menhit, Mercúrio, Minerva, Mitra, Montu, Mummu,

A tradição | 53

Nabu, Namu, Nanna, Naunet, Nealênia, Neith, Néftis, Netuno, Nergal, Nerto, Ninlil, Nintu, Ninursague, Ninurta, Njord, Norns, Nótt, Nut, Odin, Ormuzd, Osíris, Pachacamac, Pã, Parameshwar, Plutão, Prosérpina, Ptah, Purusha, Purushottam, Quetzalcoátl, Ré, Radha Swami, Ram, Rama, Ran, Runesocésio, Saga, Saxnot, Sekhmet, Selene, Senhor, Seth, Shamash, Shed, Shiva, Sif, Sin, Skadi, Snotra, Sobek, Sol, Sol Invicto, Susanoo, Syn, Tefnut, Tengu, Théos, Thor, Thot, Thuno, Tiamat, Tlaloc, Tsukuyomi, Týr, Uller, Urano, Utu, Vali, Vár, Varuna, Vênus, Vesta, Vidar, Vishnu, Vór, Vulcano, Weyland, Woden, Yahweh, Zaramama, Zeus.

Transcrevi todos esses nomes para que você possa perceber que não exagero quando digo que a acolhida da humanidade a um poder maior é uma tradição que remonta a muito tempo atrás. Muito, *muito* tempo.

Seja qual for o nome que usemos para nos referirmos a isso, quase não há controvérsia sobre o fato de que a maior parte dos seres deste planeta continua a acreditar num poder maior. No entanto, o nosso conceito *sobre* esse poder maior — de que isso existe como "algo além" de nós ou como "outra" versão de vida — é o que um número cada vez mais significativo de pessoas começa a questionar.

Muitas pessoas começam a perceber que a história mais antiga que contamos a nós mesmos sobre o poder que é maior que nós na verdade criou uma teologia da separação — que talvez seja, no fim das contas, o maior mal-entendido da humanidade.

O mal-entendido

O maior mal-entendido de nossa espécie talvez seja este: achamos que sabemos o que estamos fazendo aqui.

Nosso conceito sobre qual deve ser nosso foco principal na Terra está baseado — talvez não completamente, mas com certeza em grande medida — nas ideias que muitas pessoas têm sobre Deus — incluindo a ideia de que não existe uma coisa chamada Deus.

A fim de colocar isso em um contexto mais fácil de ser observado, examinemos de novo as diferentes categorias em que as pessoas se enquadram, pois pode-se observar facilmente que isso tem estreita relação com o que elas julgam ser seu propósito de vida, bem como o que creem ser suas prioridades.

Bilhões de pessoas — que pertencem, lembre-se, ao Grupo Um — lhe dirão que a coisa mais importante que elas fazem aqui, no fim das contas, é se empenhar para chegar ao Paraíso ou aos Campos Elísios. Elas encaram a vida como um "teste". Um "teste que as colocará à prova", por assim dizer, para verificar se são dignas ou se podem *se tornar* dignas de retornar ao Divino na vida do além.

56 | *O caminho essencial*

Segundo esse grupo de pessoas, os humanos têm almas, que elas denominam, numa definição mais informal, de "eus espirituais". A doutrina comum a esses bilhões de pessoas é que Deus separou as almas de Si em razão de Seu desagrado com o primeiro ser dessa espécie — cujas práticas pecaminosas elas supostamente herdaram.

A mítica história de que Adão e Eva foram expulsos do Paraíso tem sido repetida de uma maneira ou de outra em várias culturas, e cada uma delas ensina sua própria versão da grande separação. Para lhe dar apenas um de muitos exemplos que antropólogos poderiam descrever, em alguns lares da Coreia conta-se a história do Jardim de Magu.

Nessa história, uma Deusa cria um Paraíso e então coloca nele criações humanas de diferentes cores, como flores em um lindo jardim. Porém, devido às diferenças entre elas, essas criaturas entram em conflito umas com as outras. Frustrada e irada, Magu expulsa Suas criações do Jardim.

Ela os separa e envia a diferentes lugares na Terra, dizendo-lhes que poderiam retornar ao Jardim somente quando tivessem aprendido a conviver em harmonia uns com os outros.

A história conta que, desde então, as pessoas de diferentes cores têm tentado encontrar este convívio harmonioso na Terra.

É desse modo que histórias de diferentes culturas do mundo pregam a necessidade de que todas as almas retornem às graças de Deus, caso elas desejem passar a eternidade no Nirvana.

Segundo a crença das pessoas do Grupo Um, o que estamos fazendo aqui na Terra é buscar a salvação.

Outras pessoas, que não adotam essa perspectiva teológica (e, em muitos casos, não seguem teologia alguma), talvez aceitem o pressuposto de que nosso propósito na Terra é outro.

Tais pessoas — as do Grupo Dois — acreditam que a vida não é nada mais do que aquilo que aparenta ser: uma série aleatória de eventos sem um significado particular nem um propósito mais amplo, eventos aos quais esperamos poder reagir de uma maneira que cause o mínimo dano possível a nós mesmos e aos outros. Portanto, o objetivo mais importante da humanidade é a sobrevivência, seguido pelos demais objetivos: o prazer, uma contribuição significativa para o mundo, realizações que contenham um propósito e, claro, o cuidado com os entes queridos.

Quando nosso fim chegar, acreditam as pessoas do Grupo Dois, não haverá nada além, nenhum benefício que obteremos além da vida ao centrarmos nossas energias no aqui e no agora. Não há nenhum objetivo mais abrangente ou qualquer propósito além de viver a vida da melhor maneira que pudermos, de um momento a outro, cada qual com sua própria definição de como isso é determinado e demonstrado, cada um com sua própria medida do êxito que alcançou.

58 | *O caminho essencial*

A questão central para a humanidade hoje é: e se a concepção das pessoas tanto do Grupo Um quanto do Grupo Dois estiver total ou parcialmente errada? E se a realidade estiver situada em algum ponto intermediário entre esses dois grupos e as ideias apresentadas pelo Grupo Três (descritas no capítulo "As crenças", para aqueles que se dispuserem a revê-las) — ideias que poucas pessoas dos dois primeiros grupos sequer estão dispostas a considerar, muito menos investigar seriamente?

O possível resultado disso é que bilhões de pessoas na Terra talvez estejam mostrando ideias muito limitadas sobre o que estão fazendo no planeta, com nenhuma ou quase nenhuma percepção de que a vida pode ter um propósito que vai além do que elas imaginavam, com nenhuma ou quase nenhuma consciência de qual pode ser sua verdadeira natureza, e com nenhuma ou quase nenhuma compreensão sobre um possível relacionamento alternativo com o resto do cosmos — ou até mesmo com sua Fonte.

É possível que o mundo como está hoje, com seus inúmeros defeitos, suas imitações grotescas e com um terrorismo tão amplamente difundido seja um reflexo desse limitado ponto de vista? É possível que o que estamos enxergando ao olhar para nosso mundo seja o espelho de uma compreensão incompleta?

Esses mal-entendidos talvez possam explicar por que, embora nos consideremos uma civilização avançada, bilhões de pessoas — ou seja, uma porcentagem *enorme* da população global — estejam passando por um sofrimento terrível e desnecessário (conforme mostram as preocupantes estatísticas apresentadas no capítulo "A situação").

Qualquer pessoa racional certamente se questiona: como foi que as coisas chegaram a este ponto?

Essa pergunta certamente deve brotar com entusiasmo no coração de cada ser humano compassivo. Você com certeza deve tê-la sentido no coração mais de uma vez em tempos recentes.

Como foi que as coisas *chegaram a este ponto*?

A resposta é: achamos que devemos obedecer àquilo que identificamos, de um modo equivocado, como nosso instinto básico.

O instinto

É revelador e também fascinante que, neste primeiro quarto do século XXI, a maioria dos humanos continue achando que a sobrevivência é nosso instinto básico.

Nossa espécie tem acreditado nisso há milhares de anos, e a maioria de nós ainda sente que tudo o que for necessário para a sobrevivência precisa ser considerado prioritário em praticamente todas as interações políticas, econômicas e sociais. (Até mesmo no lar, nossas interações muitas vezes estão relacionadas a sobreviver ao momento presente.)

Não queremos ter a necessidade de ferir alguém a fim de sobreviver... mas, caso seja necessário, faremos isso — no plano emocional ou mesmo físico.

Trata-se de uma enorme ironia que nossa determinação para eleger a sobrevivência como constante prioridade *é que esteja fazendo com que nossa sobrevivência sofra ameaças constantes.*

Isso nunca esteve em tamanha e lamentável evidência como hoje, quando a Alienação cria momentos em que líderes mundiais muitas vezes anunciam ao mundo sua capacidade de aniquilar os demais países, quando pessoas descontentes e desconectadas se envolvem em ataques autoindulgentes que matam seres humanos inocentes, quando o medo e a raiva criam extremas divisões nos indivíduos de uma espécie cuja melhor defesa contra tudo que a aflige é a integração entre os objetivos e a ação.

O argumento que se defende em relação à sobrevivência é que ela é considerada o instinto básico de muitas formas de vida. É graças a ela que as flores se voltam na direção do sol, que os pássaros voam rumo a climas mais quentes, que as tartarugas se recolhem no casco e que as cascavéis sacodem o chocalho.

Acontece, porém, que o instinto básico dos seres humanos *não* é a sobrevivência, mas algo muito diferente. Algo *absolutamente* diferente.

Se a sobrevivência fosse seu instinto básico, ao ouvir um bebê chorando dentro de um prédio em chamas, você sairia correndo. Mas não é o que você faz. Quando isso acontece, você corre *para dentro* do prédio para salvar a criança, pois naquele momento a sua sobrevivência não está em jogo.

Se a sobrevivência fosse seu instinto básico, ao se deparar com alguém apontando uma arma para uma pessoa que você ama, você se afastaria. Mas não é o que você faz. Quando isso acontece, você se coloca *entre* essas duas pessoas, pois naquele momento a sua sobrevivência não está em jogo.

Se a sobrevivência fosse seu instinto básico, ao se deparar com um carro em chamas no acostamento de uma estrada, você passaria reto. Mas não é o que você faz. Quando isso acontece, você para seu carro, corre até o outro veículo e arrisca a própria vida tentando resgatar o motorista antes que o carro exploda, pois naquele momento a sua sobrevivência não está em jogo.

Há algo nas profundezas do seu ser, algo que você é incapaz de descrever ou nomear, que em momentos como esse o impele a obedecer ao instinto básico da *humanidade*.

As pessoas que ousaram se colocar em situações que envolviam risco de vida raramente descrevem a si mesmas como corajosas quando são entrevistadas posteriormente pela mídia. Elas negam isso: "Eu só fiz o que qualquer outra pessoa faria."

Elas alegam que a motivação do gesto foi simplesmente o instinto. *E isso é verdadeiro*. O que elas talvez não saibam é que seu instinto básico não tem nada a ver com a sobrevivência.

Talvez para a surpresa delas, suas ações *desafiaram* a sobrevivência. No entanto, elas não sentiram nenhum medo e sequer hesitaram por um breve segundo, pois quem elas realmente são sabia que a sobrevivência não estava em jogo.

Naquele momento em que "a casa está pegando fogo", pouquíssimos de nós nos questionamos se conseguiremos ou não sobreviver. Quando olhamos em retrospecto para tal momento, percebemos que a única pergunta realmente

64 | *O caminho essencial*

importante para nossa alma não é se viveremos mais vinte anos ou mais vinte minutos, mas *como viveremos.*

Qual será minha marca registrada, o que deixarei no mundo? Qual será o principal motivador de meus dias e minhas noites? Qual será minha *raison d'être,* como dizem os franceses — minha razão de existir — e de que modo minhas ações ativam e atualizam tal razão?

E, nesses momentos de autoinvestigação, a mente e a alma respondem como se fossem uma Só.

O instinto básico dos seres humanos é a expressão espontânea do que há de melhor dentro de nós — o que foi liricamente chamado de os melhores anjos de nossa natureza.

Mas qual *é* a nossa Natureza?

Temos ouvido a frase "essa é a natureza humana" desde que nascemos. Mas o que é ela? Qual é a verdadeira natureza de nossa espécie?

Essa é a questão mais urgente. Hoje, mais do que nunca neste planeta, nosso maior desafio é formular essa pergunta e respondê-la.

O desafio

Temos que tomar uma decisão. Temos que decidir quem e o que somos. Essa é a decisão mais importante a ser tomada pela nossa espécie. Trata-se da decisão ousada. É a única decisão que precisamos tomar para resolver definitivamente o problema de nossa Alienação.

É absolutamente necessário que tomemos essa decisão agora. Não daqui a seis ou sessenta décadas. Agora. Nós simplesmente... — perdoe-me por estar sendo enfático, mas simplesmente não podemos continuar assim, tocando lira enquanto Roma está em chamas ou entregando-nos ao ócio, sem fazer nenhum comentário sobre as novas roupas do imperador. Temos que *parar de enrolação e começar a dizer a verdade nua e crua.*

Estamos em apuros. A mentalidade *nós* contra *eles*, que tem se alastrado rapidamente, está esgarçando o tecido da humanidade. Estamos sendo chamados pela própria vida a nos perguntar: qual *é* nossa verdadeira natureza? O que queremos dizer quando falamos que "é da natureza humana" agir de determinada maneira?

E a natureza humana está evoluindo ou involuindo? Em que direção nossa cultura está caminhando? Estamos nos tornando mais civilizados, mais humanos, mais amorosos, mais atenciosos, mais tolerantes, mais receptivos, mais compreensivos, mais compassivos, com o coração e os braços mais abertos... ou menos? O que sua observação dos fatos lhe diz sobre isso?

A meu ver, já ficou claro que a escolha que temos diante de nós é a escolha entre a evolução e a involução, e que tal escolha está sendo feita neste momento — e muitas vezes de modo automático. Esse processo está se desenrolando bem diante de nosso nariz.

O momento de tomar a decisão é iminente. E o que devemos decidir, repito, é quem e o que somos. No plano individual e no coletivo. E é agora que estamos sendo desafiados a fazer a escolha certa, e a parar de fazer a escolha errada.

Quando digo "certa" e "errada", não faço nenhum julgamento moral; refiro-me à direção certa a ser tomada, com base no destino que julgamos ter enquanto espécie. Nesse contexto, o que é benéfico e o que é prejudicial? O que "funciona" e o que "não funciona"?

Faz muito tempo que escolhemos coisas que não funcionam. Que escolhemos aquilo que tem sido ainda mais prejudicial em tempos recentes.

Olhe à sua volta.

O desafio que estamos enfrentando é que não consideramos a questão de quem e o que somos como algo opcional. Temos encarado essa questão como uma simples observação, não uma decisão; como algo em que reparamos, não que escolhemos.

Quem e o que somos é, muitos de nós dizemos a nós mesmos, algo que consideramos *um fato consumado*. Trata-se daquilo que *é* simplesmente *assim*. E isso é mesmo verdade. Trata-se do que *é* "simplesmente assim". No entanto, e se isso que é simplesmente *assim* não for o que *julgávamos* ser? Se imaginarmos a natureza humana como algo diferente do que ela de fato é, toda a experiência humana não estaria deformada, envelhecida e deturpada?

Hummm… você tem lido as notícias recentes da mídia?

A decisão que precisamos tomar, portanto, é se isso que é simplesmente "assim" de fato se aplica a *nós*. Ou seja, temos que decidir se acreditamos nisso ou não. Temos que decidir se isso é *realmente* assim.

Há um instrumento que nos permite fazer essa avaliação em relação a *tudo* o que as pessoas nos dizem ser simplesmente "assim". Podemos aplicar esse instrumento objetivo de medição a cada uma de nossas crenças. O instrumento consiste numa avaliação simples, mas justa, uma apreciação honesta dos eventos, situações, circunstâncias, condições e resultados que obtemos na vida.

Isso pode ser sintetizado numa única palavra: resultados.

Na sequência, apresento alguns possíveis modos de usar esse instrumento de medição.

Julgando com base nos resultados e com base numa avaliação justa, as doutrinas e os dogmas em relação a Deus e à vida que nos são oferecidos pelas religiões do mundo parecem ser o que é simplesmente *assim* quando consideramos sua eficácia em nos permitir uma convivência em paz e harmonia? Ou parece que *ainda temos algo a aprender* sobre esse tema?

Julgando com base nos resultados e numa avaliação justa, as teorias e os conceitos dos sistemas políticos e econômicos do mundo parecem ser o que é simplesmente *assim* quando consideramos a eficácia de tais sistemas no sentido de criar mais harmonia e maior segurança financeira para nós todos? Ou parece que *ainda temos algo a aprender* sobre esse tema?

Julgando com base nos resultados numa avaliação justa, as mais brilhantes descrições e as melhores avaliações feitas sobre os sistemas de internet do mundo parecem ser o que é simplesmente *assim* quando consideramos o modo como as plataformas de mídia têm tentado criar um maior senso de conectividade e de fraternidade entre as pessoas? Ou parece que *ainda temos algo a aprender* sobre esse tema?

Apliquemos agora esse instrumento de medição à questão que nos está sendo apresentada.

Julgando com base nos resultados e numa avaliação justa, as ideias que você tem sobre quem e o que você é parecem ser o que é simplesmente *assim* quando você considera em que medida tais ideias têm criado paz, alegria, segurança, felicidade, amor, livre-arbítrio e realização na vida cotidiana e na vida mundo afora? Ou parece que *ainda temos algo a aprender* sobre esse tema?

Não seria benéfico tomar uma nova decisão sobre as coisas que são simplesmente "assim" *para* nós com refe-

O desafio | 69

rência ao que é simplesmente "assim" *em relação a* nós? Será realmente saudável — se é que tal ideia é *executável* — ter tomado essa decisão de modo automático, pelo simples fato de ter pertencido a um determinado grupo?

Você pode tomar essa nova decisão agora mesmo. De modo consciente, não em nome desse grupo. Muitas pessoas tomam decisões em nome do próprio Grupo. Mas essa não é uma decisão qualquer. Essa é a decisão ousada que seu coração anseia tomar, que sua alma está encorajando você a tomar, que sua mente deseja tomar. Trata-se de uma decisão que pode colocá-lo num novo caminho.

Se você já tomou essa decisão, façamos isso novamente. A fim de confirmá-la. E a fim de esclarecer o que você realmente escolheu.

Estamos falando aqui da escolha de sua identidade, e essa decisão envolve dois aspectos. O primeiro tem a ver com quem você é; o segundo, com o que você é.

A decisão que diz respeito a todos os seres humanos pode ser resumida nas seguintes perguntas:

1. Nós somos seres materiais e temporários ou seres espirituais que se manifestam materialmente?
2. Nós somos entidades completamente separadas ou uma essência que se manifesta individualmente?

Basicamente, a pergunta é: "Qual *é* a nossa verdadeira natureza?" Essa é a questão na qual a vida está insistindo para que façamos agora uma escolha.

A escolha

Muitas pessoas ainda não refletiram o suficiente sobre o primeiro dos dois elementos que compõem sua identidade. Analisando agora essa situação, vejamos qual das opções oferecidas pela vida tem a maior probabilidade de criar a experiência que você deseja.

Opção A: você talvez considere a si mesmo exclusivamente como um ser material. Ou seja, uma criatura biológica cuja vida teve origem num processo biológico no qual duas outras criaturas biológicas se envolveram, e cuja vida termina quando um ou mais de seus processos biológicos essenciais deixam de funcionar de modo benéfico.

Se você aceitar essa concepção, é provável que veja a si mesmo como um ser que tem a mesma conexão com os processos vitais mais amplos, assim como qualquer outra forma de vida biológica, mas nada além disso.

Você perceberá a si mesmo, assim como todas as demais formas de vida materiais, impactado pelos eventos, pelas condições e pelas circunstâncias da vida cotidiana, mas com uma limitada capacidade de influenciar de antemão esses eventos, condições e circunstâncias. Você poderá *reagir* a todos eles, mas *criar* somente alguns deles — na verdade, um pequeno número deles — com base em seus talentos, sua capacidade, inteligência, determinação e, em grande medida, sorte.

Você poderá criar mais *vida* (todas as formas de vida materiais carregam consigo a capacidade biológica de recriar mais de si mesmas), mas não poderá criar aquilo que a vida *faz* ou como ela "se apresenta" num momento específico, exceto de uma maneira bastante limitada, conforme observamos anteriormente.

Além disso, na condição de ser material, é muito provável que você se perceba com uma capacidade um tanto quanto limitada de criar uma resposta aos eventos cotidianos, sempre previsível e inevitável.

É claro que eventualmente você poderá fazer isso, mas talvez o mais comum seja você se perceber como uma criatura cujas reações são determinadas por dados prévios, pelo instinto, pela cultura, pelo ambiente, pela criação que você teve, pela experiência, pela educação, pelos hábitos e por todos os recursos naturais que sua biologia e história de vida lhe proporcionaram.

Você perceberá a si mesmo com mais recursos do que uma tartaruga, pois sua biologia e história de vida o dotaram dessa forma. Você perceberá a si mesmo com mais recursos do que uma borboleta, pois sua biologia e história de vida o dotaram dessa forma. No entanto, sua biologia e história de vida serão basicamente aquilo que você considerar ter em termos de recursos.

Sua criatividade e inventividade talvez façam parte dos recursos biológicos (nesse caso, mentais) que, em alguns casos, poderiam ter um grande impacto em sua história de vida, mas você talvez acabe constatando que o meio ambiente, sua formação, sua experiência prévia e cultura muitas vezes desempenham um papel essencial em suas reações — em particular nas reações iniciais — às situações cotidianas.

Em suma, na condição de um ser material, é bem mais provável que você se perceba tendo que lidar com a vida cotidiana da maneira que ela chega até você, talvez com uma dose mínima do que pode ser chamado de "controle", com base em planejamentos prévios etc., e você saberá que a qualquer minuto algo pode dar errado — como muitas vezes acontece.

Finalmente, na condição de um ser material, é bem provável que você sinta que não há nenhuma razão específica pela qual você está aqui na Terra — e certamente não há razão alguma relacionada diretamente a você.

Talvez você sinta, então, mais cedo ou mais tarde, a necessidade e o impulso de decidir *por si próprio* qual será sua razão de existir, isto é, se o foco e a preocupação principais de sua passagem por aqui devem estar voltados à expressão mais desejada dos seus dons e talentos, à sua ocupação, à sua renda ou a suas posses, às suas conquistas ou ao lugar que você ocupa na sociedade, à sua família ou seu estilo de vida, ou talvez, de certa maneira, a tudo que foi listado e ao modo como você está sendo capaz de produzir os resultados que deseja.

Opção B: você talvez considere a si mesmo como um ser espiritual que se manifesta materialmente.

Você terá então motivos para considerar a possibilidade de que tem poderes e capacidades que vão além daquela pessoa limitada a ser apenas um ser material. Talvez considere que tais poderes transcendem a materialidade básica e suas leis.

Você terá então motivos para considerar a possibilidade de que tais poderes e capacidades lhe permitem exercer um controle parcial sobre os elementos externos de sua vida individual e coletiva e um completo controle sobre os elementos internos.

Isso significa que você terá a capacidade de criar a própria realidade, na medida em que aquilo que você considera "real" esteja firmemente baseado na experiência interior e singular das criações de sua vida exterior.

Na condição de um ser espiritual, você também terá motivos para considerar a possibilidade de que está na Terra por uma razão espiritual e que a sua transição para a "materialização" se deveu à sua própria vontade e determinação.

Talvez você considere que o propósito de fazer isso tem pouca relação direta com a sua ocupação ou sua carreira, com sua renda ou suas posses, suas conquistas ou o lugar que você ocupa na sociedade, ou com *quaisquer* condições ou circunstâncias externas de sua vida, mas sobretudo com um conjunto de prioridades espirituais, um caminho mais essencial.

A escolha | 75

Você também perceberá que a sua firme intenção de alcançar um propósito maior — isto é, como você cria as experiências e energias interiores de sua vida — talvez impacte sua vida exterior. Terá então motivos para considerar a possibilidade de que sua energia *interior* pode realmente criar eventos e condições adequadas para sua realidade *exterior*. Mas tudo isso dependerá de qual, no fim das contas, será a maior decisão de sua vida.

A decisão

Eis a pergunta relacionada ao segundo aspecto da verdadeira natureza da humanidade: somos entidades completamente separadas ou uma essência que se manifesta individualmente?

As implicações da resposta que damos a essa pergunta são profundas. Analisemos a decisão que temos aqui, para ver qual das opções tem a maior probabilidade de criar as experiências que você deseja ter.

Opção A: você pode considerar a si mesmo como uma entidade separada. Ou seja, como uma unidade isolada entre bilhões de unidades isoladas em nosso planeta.

Caso você considere a si próprio dessa maneira, terá a experiência de ser, no plano material, "algo diferente" e desconectado das mais de 7 bilhões de pessoas do mundo e, no plano emocional, separado de quase todos, com exceção de uma mínima porcentagem dessas pessoas. Perceberá a si mesmo como um indivíduo carente de qualquer envolvimento com as prioridades delas e sem a menor sintonia com as intenções e motivações delas, com exceção das circunstâncias em que elas coincidem com as suas.

78 | *O caminho essencial*

É muito provável que você se perceba desvinculado do futuro das demais pessoas caso não sinta que, de alguma maneira, ele afeta ou impacta a sua experiência pessoal e talvez não sintonize com o empenho que deve dedicar para associar seu futuro ao futuro da maior parcela da humanidade de uma maneira significativa ou produtiva.

Também é muito provável que você frequentemente se perceba não apenas "sozinho", mas também em descarada *competição* com os outros, numa sociedade cujo mote é "cada um por si", inserido numa cultura na qual os vencedores têm direito a todos os benefícios e recompensas.

Ganhando ou perdendo, isso poderá fazer com que você se sinta cada vez mais isolado, particularmente daqueles indivíduos de sua sociedade com quem você parece ter poucos traços em comum, e especialmente daqueles de quem você discorda completamente.

E, se as diferenças entre seus pontos de vista e os dessas pessoas se ampliarem e chegarem a proporções alarmantes — pelo fato de que, ao ver a si mesmo como uma criatura separada, seu foco está bastante centrado em necessidades e interesses individuais, em desejos individuais, em prioridades e objetivos individuais —, sua percepção de isolamento poderá se transformar numa experiência de consternação, especialmente se suas necessidades e desejos não forem satisfeitos. Isso talvez o leve a um nível de distanciamento que o conduzirá à Alienação.

Como um antídoto ao sentimento de isolamento em sua Alienação, é possível que você se junte a um grupo de pessoas que compartilham dessa sensação. E, no momento em que as diferenças de opinião entre vários desses grupos se tornarem grosseiras ou violentas, a Alienação poderá se tornar um problema social em todo o mundo, levando ao colapso das estruturas que conectam nossa comunidade global.

Mais do que uma *possibilidade*, isso já está acontecendo com a Alienação. Agora mesmo. Enquanto você lê estas linhas.

Já não nos causa surpresa que o impacto e as consequências da crescente Alienação da espécie estejam visíveis e presentes nas manchetes dos portais de notícias, nas telas de computador em todo o mundo.

Muitas pessoas já se sentem completamente anestesiadas em relação a isso, o que tem causado sofrimento e apatia. Aqueles que ainda não perderam a sensibilidade estão rezando diariamente, pedindo — implorando — a Deus ou à vida, ou a *alguma coisa* capaz de *despertar* nossa espécie, algo capaz de nos tirar do sono coletivo que criou o pesadelo de nossa realidade global.

(E, claro, é neste momento da história que você entra.)

Opção B: você pode considerar a si mesmo uma essência que se manifesta individualmente.

Se você perceber a si próprio dessa maneira, é muito provável que sinta uma conexão tanto física quanto emocional com todos os seres humanos — e uma conexão energética com todas as formas de vida.

Você se perceberá como um membro do Organismo Humano, de maneira nenhuma separado das mais de

80 | *O caminho essencial*

8 bilhões de pessoas no mundo, mas envolvido com as atuais prioridades delas, em sintonia com as intenções e motivações delas, com base na constatação de que estas coincidem com suas próprias intenções e motivações, no nível mais alto que existe.

É muito provável que você se perceba estreitamente ligado ao futuro das outras pessoas, ao ter clareza de que ele também coincide com o seu; você então trabalhará de modo sincero e comprometido no sentido de associar seu futuro ao futuro da coletividade, de maneira significativa.

Você perceberá a si mesmo juntando-se às demais pessoas numa sociedade cujo mote é "um por todos e todos por um", numa cultura em que "os verdadeiros benefícios são de todos", produzindo resultados extraordinários nos planos individual e coletivo, resultados que naturalmente são fruto de uma mentalidade compartilhada.

Isso fará com que você se sinta cada vez mais integrado aos demais membros da sua espécie, percebendo que a maioria certamente partilha coisas em comum. Perceberá que as diferenças não precisam criar divisões, que os contrastes não precisam criar conflitos, que as diferenças de opinião não precisam criar desafetos, que as divergências não precisam criar violência e que os proponentes não precisam se tornar oponentes.

Você saberá com base na experiência (para além de uma compreensão conceitual) que a "individuação" não equivale automaticamente à "separação" — e verá a prova disso na própria mão, cujos dedos, embora tenham tamanho, aparência e função únicos, não estão de modo algum separados dela, de seu corpo ou entre si.

Você vivenciará a profunda percepção de que todas as vidas estão interconectadas, que está fazendo para si mesmo tudo o que você faz para o outro e deixando de fazer para si mesmo o que você deixa de fazer para o outro; pois, na realidade absoluta, não há mais ninguém exceto extensões de você mesmo, manifestando-se em diferentes formas.

Isso fará com que você substitua a competição pela cooperação, a Alienação pela afirmação, a separação pela unificação, e permitirá à raça humana agir como uma só no enfrentamento de seus desafios.

A maioria

Eis um dado interessante: quando observamos o primeiro aspecto de nossa verdadeira natureza — quem somos —, fica claro que a maioria da população da Terra já enxerga a si mesma como seres espirituais que se manifestam materialmente. Esse é o resultado da crença dessas pessoas em Deus e na vida após a morte. Com frequência, elas se referem à parte de si mesmas que se move através da vida material com o corpo usando o nome de "alma", ou então espírito, psique, atmã, *anima* etc.

Nossa dificuldade é que muitas pessoas talvez tenham começado a enxergar a si mesmas desse modo no automático, sem um real questionamento; um modo automático que passaram a adotar quando foram criadas num ambiente onde é contada a história das religiões organizadas do mundo (ou então passaram a aceitar essa versão posteriormente).

Isso significa que talvez elas aceitem crenças sobre suas identidades enquanto almas que não condizem, de maneira alguma, seja prática ou funcionalmente, com seu comportamento na vida cotidiana.

84 | *O caminho essencial*

Claro que nem sempre é assim e muitas pessoas que creem certamente expressam na vida cotidiana os valores mais nobres de suas religiões. No entanto, muitas o fazem por medo de que, caso contrário — ou seja, caso pequem por atos ou omissões —, isso resulte em sua eterna condenação ao inferno.

(Por favor, não ache que estou inventando isso, ou exagerando. Não estou. Posso dar um exemplo? Na infância, fui criado como católico, e me ensinaram que deixar de ir à missa para receber a Comunhão aos domingos ou num outro dia sagrado [a Igreja estabelece, nos calendários, quais são os dias] era um pecado mortal — ou seja, uma grave ofensa a Deus. E a Igreja nos ensina que, se você morrer levando na alma o pecado de não ir à missa, será enviado diretamente ao inferno. Não estamos falando de purgatório. Estamos falando do inferno.

Mas, veja, eu não disse que recebi o ensinamento de que a pessoa é enviada ao inferno por ter assassinado alguém, estuprado uma criança ou pegado o dinheiro economizado por alguém durante uma vida inteira. Eu disse que Deus o enviará ao inferno por *ter deixado de ir à missa no domingo*, caso você tenha morrido com esse pecado na alma. [Ou seja, se você não teve a oportunidade de se confessar e de ser absolvido antes de morrer.]

Será que isso faria uma criança hesitar, no momento em que ela considera cometer o pecado, de deixar de ir à missa? Deixe-me *contar* sobre isso...

A Igreja terá começado a adotar uma postura menos rígida depois de minha infância, nos anos 1950? Não. Fui verificar, pois queria me certificar disso. Os padres ainda ensinam que isso é um "pecado mortal". A doença e a incapacidade física [cuidar de uma criança, a necessidade de trabalhar, estar doente] são as únicas justificativas aceitáveis. Ou você assiste à missa ou então vai para o inferno. Mas não pretendo amedrontar ninguém aqui [*pigarro*].

Portanto, eu não estava exagerando ou inventando coisas sobre essa história do medo servir de motivação para muitas pessoas seguirem as doutrinas de suas religiões.)

Há outras que decidem enxergar a si próprias como um espírito, ou uma alma, motivadas pelo amor. Um simples e puro amor pelo Divino, do modo como elas o concebem. Essa escolha não é produto do medo ou de um reflexo, mas de uma aceitação que revela confiança e da aceitação de sua realidade espiritual — o que, para muitos, define Deus como um Pai Amoroso e a eles próprios como filhos espirituais.

Por fim, há aquelas pessoas que veem a si mesmas como seres espirituais que se manifestam materialmente não como a consequência de alguma doutrina religiosa específica, mas de uma crença de que o todo não se limita à vida física, um anseio de que sua identidade não deixe de existir após a morte e um desejo de que a vida no corpo físico seja mais do que a simples sobrevivência, a segurança e o sucesso. Para elas, é muito mais atraente e reconfortante aceitar a ideia de que não são meramente criaturas físicas, biológicas ou químicas.

Seja qual for o motivo pelo qual uma pessoa aceita a ideia de que ela tem uma alma e é uma alma, tal ideia,

86 | O caminho essencial

uma vez plenamente aceita, é uma escolha que pode trazer imenso benefício para a nossa espécie.

Quando — e se — tal ideia for mal utilizada como pretexto para julgar, condenar ou maltratar os outros, é claro que ela não será verdadeira. Mas, se for aceita com uma energia amorosa, se servir de conforto e motivação para que as pessoas ajam de maneiras positivas, mesmo aquelas que a encaram como uma ilusão poderão vê-la como benéfica em vez de prejudicial.

Por outro lado, acreditar que somos meras criaturas sem alma ou qualquer conexão com outros poderes no universo, seja este espiritual ou não, pode ser limitador em muitos aspectos.

Nossa possibilidade de viver o tipo de vida que sempre sonhamos, por exemplo, poderia então ser vista mais como uma questão de trabalho árduo e acaso do que trabalho árduo e acaso *combinados com* preces, pensamento positivo ou intenções. E, para algumas pessoas, a motivação para "viver uma boa vida" poderia acabar sendo reduzida na prática a uma aplicação embaraçosamente hedonista do princípio freudiano do prazer.

No entanto, embora a decisão de nos definirmos como seres espirituais que se manifestam materialmente possa levar alguns seres humanos a se elevarem acima de escolhas de vida que têm somente um valor sibarita, ela também pode — conforme já observado — conduzir à aceitação de crenças que separam e alienam, caso isso resulte na formação de grupos que julgam a si próprios "melhores" que os demais, e cujos membros julgam os outros — chegando até mesmo a matá-los — por alegarem que esses "outros" pertencem ao grupo "errado" (às vezes denominados "infiéis").

Percebemos, assim, que mesmo quando decidimos que somos seres espirituais que se manifestam materialmente esta não é, por si só, garantia alguma de que criaremos resultados maravilhosos para a humanidade. Trata-se apenas de uma parte — aliás, a menor das duas partes — da solução para o crescente e alarmante problema da humanidade: o afastamento. Para evitar as consequências da Alienação desenfreada, teremos que aceitar os dois aspectos da verdadeira natureza da humanidade, numa combinação de ambos.

A combinação

Quando aceitarmos a *combinação* dos dois aspectos da verdadeira natureza da humanidade, teremos a solução para o maior problema dela.

Isso porque, se decidirmos que *somos* seres espirituais que se manifestam materialmente e, ao mesmo tempo, que *somos* uma essência que se manifesta individualmente (em outras palavras, se decidirmos que somos tanto um ser espiritual quanto um ser único), poderemos dar início a uma completa transformação da energia que cria a Alienação.

Se tivermos essa compreensão e a integrarmos à nossa expressão de vida, será quase impossível replicarmos as ações e escolhas das pessoas de quem discordamos. Simplesmente abandonaremos a necessidade de responder violência com violência, raiva com raiva, injustiça com injustiça, mágoa com mágoa ou Alienação com Alienação. De uma hora para outra, tudo isso deixará de ter sentido.

Ficará claro para nós que Albert Einstein tinha razão quando disse que não podemos resolver nossos problemas com as mesmas ideias que usamos ao criá-los. Ficará claro que precisamos *pensar de um modo diferente*.

90 | *O caminho essencial*

Quando percebemos a nós mesmos como uma essência que se manifesta individualmente, qualquer sensação de Alienação será substituída por uma tolerância maior, à medida que lembrarmos momentos de nossa própria vida em que *nós* fizemos escolhas, tomamos decisões ou tivemos comportamentos dos quais *os outros* discordaram — e que, muitas vezes, nós mesmos rejeitamos posteriormente.

É provável que essa mudança da Alienação à tolerância não aconteça para todos da noite para o dia, mas com o passar do tempo mais e mais de nós começaremos a nos reconhecer uns nos outros.

Mesmo a essa altura, não teremos eliminado todas as diferenças que existem entre nós, mas isso pode significar que não estaremos mais dispostos a permitir que tais diferenças criem isolamento e consternação, sentimentos que só podem surgir em meio à percepção de uma completa separação — emocional, física ou espiritual.

Dizendo isso de maneira clara e simples: deixará de ser *cômodo* para nós trocar o potencial que o conceito de unidade traz à humanidade pela promessa vazia que há tanto tempo nos tem sido oferecida pelo conceito de separação da espécie, que não nos proporciona nada além de uma felicidade sempre efêmera.

Quando a maioria de nós tiver tomado a decisão ousada de aceitar plenamente *ambos* os aspectos de nossa verdadeira natureza (ser espiritual/um único ser), nossa espécie poderá finalmente se libertar das consequências milenares das crenças, mal-entendidos e insanidades criados a partir de seus *pressupostos*.

O mero fato de abandonar a percepção de muitos de que não somos nada além de mamíferos altamente sofisticados poderia alterar visivelmente o ponto de vista das pessoas que sustentam tal ideia, oferecendo-lhes argumentos radicalmente ampliados para ajudá-las em suas escolhas e decisões cotidianas.

A *combinação* da crença de que somos seres espirituais com a crença em nossa unidade como princípios centrais de nossa narrativa cultural mudariam não apenas a visão *individual* de cada pessoa, mas, uma vez que esta tiver atingido uma massa crítica,* traria benefícios para todo o cenário global.

O modo como fazemos política e a *razão* pela qual fazemos política mudariam. O modo como fazemos negócios e a *razão* pela qual fazemos negócios mudariam. O modo como educamos nossos filhos e a *razão* pela qual educamos nossos filhos mudariam. O modo como criamos nossas estruturas e convenções sociais e a *razão* pela qual criamos nossas estruturas e convenções sociais mudariam. O modo como vivemos nossa espiritualidade e a *razão* pela qual vivemos nossa espiritualidade mudariam.

Tudo isso ocorreria porque nossas motivações, intenções, metas e interações seriam transformadas em todos os níveis. Assim, nossos relacionamentos — entre uma nação e outra, entre uma religião e outra, entre uma raça e outra, entre conservadores e liberais, entre homem e

---

* O autor empregará diversas vezes esse termo da sociologia, que designa a mentalidade necessária e suficiente de um grupo em relação a determinado assunto para, em quantidade e qualidade, estabelecer e sustentar determinada ação, relação ou comportamento. [*N. do T.*]

mulher, entre heterossexuais e gays, entre jovens e velhos — finalmente se tornariam civilizados.

Nosso problema com a Alienação, nosso conceito de que a violência é um meio legítimo de resolver as diferenças, nosso estado de insuficiência e o sofrimento desnecessário infligido a bilhões de pessoas... tudo isso e muito mais desapareceria da Terra, diluído em novas ideias sobre nós mesmos, permitindo abandonarmos nossos autoconceitos mais prejudiciais.

Será que desse modo a vida que criaríamos na Terra não teria mais nenhuma preocupação, nenhum desafio? Não. É claro que não. Aceitar a ideia de que somos seres espirituais/um único ser não tem a ver com a criação de uma sociedade utópica, típica de um cenário de ficção científica. Mas *podemos* criar uma comunidade planetária com muito mais amor, paz, segurança, alegria, prosperidade, tranquilidade e sem tensões constantes. Uma comunidade de celebração, sem discórdias ou competições infinitas.

No entanto, para que uma massa crítica de pessoas possa adquirir a consciência de nossa verdadeira natureza, é necessário que a ideia de que realmente *somos* seres espirituais/um único ser passe a fazer sentido para mais gente. É no mínimo natural que alimentemos a curiosidade sobre essa história de que todos temos "almas", e de que nossas "almas", seja como for, estão todas unidas.

É importante examinarmos todas essas questões se queremos construir um alicerce sólido, capaz de sustentar novas ideias sobre as identidades individuais, aceitando plenamente a *combinação* de quem somos e de o que somos. Portanto, não se trata aqui de curiosidades fúteis.

As curiosidades

Chegou a hora de formular algumas perguntas sensatas.

Se realmente somos seres espirituais que se manifestam materialmente, onde termina uma alma e onde começa a outra? Haverá uma alma com contornos muito nítidos, cujos limites e formas sejam claramente identificáveis, como acontece com o corpo?

Se duas almas pairam juntas no firmamento, há um espaço onde a primeira alma existe e onde a segunda alma existe? Se de fato há, *o que fica entre ambas*? De que é feita a substância que as separa?

Haverá a possibilidade de que *nenhuma* substância as separe, mas de que apenas uma substância que as *conecte* — simplesmente uma diferente vibração da mesma substância da qual elas são compostas?

Quando você caminha de um cômodo para outro em casa, onde exatamente termina o ar do primeiro cômodo e onde começa o do segundo? O exato nanosegundo em que o ponteiro do relógio indica meia-noite marca o fim de um dia ou o início de outro?

Que lugar é esse no tempo e no espaço chamado "e/ambos"? O que aconteceu com o "ou/nem"?

94 | *O caminho essencial*

Será possível que, quando a energia que eu chamo de essência essencial é aglutinada, diferenciada ou delineada, nós a chamamos de "alma" e, quando ela simplesmente está presente, de uma maneira indiferenciada, não localizada e não concentrada, nós a chamamos de "tudo o que é?"

Será possível que a alma seja *ambas*, singular *e* plural? Será que ela é tanto permeável quanto impermeável, não duplicada em sua singularidade (não existem dois flocos de neve iguais, nem duas almas iguais), e que ao mesmo tempo replica, no nível mais fundamental, a própria singularidade?

Será possível que a alma esteja recebendo energia de todo o entorno e enviando energia *para* tudo que a cerca?

Será possível que o que chamamos de "vida" seja nada mais que (e, milagre dos milagres, nada menos que) um processo constante e infinito de troca de energias entre todos os elementos da vida? Será que o mecanismo que mantém o funcionamento do cosmos é o mesmo que mantém o funcionamento da vida em todas as suas formas — até mesmo em suas formas submoleculares? Será o "sistema" no qual vivemos um sistema que opera com base numa energia singular que permeia todos e que, portanto, pode ser usado por todos?

Terá havido sempre a intenção de que Deus (a Energia Pura e Indiferenciada da Vida) existisse para servir aos *nossos* propósitos em vez de estarmos sendo usados para servir aos propósitos de Deus? Ou, como um complemento a esse raciocínio: será que os dois na verdade são um só, já que todos *nós* somos um, e apenas não sabemos disso?

E se não for tarefa de Deus nos dizer o que fazer, mas *nos* empoderar para fazer o que *nós* queremos fazer? Será que é *por esse motivo que o mundo está do jeito que está?*

Será que Deus está nos empoderando para fazermos nossas escolhas coletivas, nos dando a liberdade de evoluir ou de regredir conforme nosso desejo? Se não queremos um mundo no qual 653 crianças morrem de inanição a cada hora, será que não temos o poder de mudar isso por meio da ação coletiva, com nossos recursos coletivos? Se não queremos um mundo em que 1,7 bilhão de pessoas não têm acesso a uma só gota de água potável, será que não temos o poder de mudar isso por meio da ação coletiva, com nossos recursos coletivos? Se não queremos um mundo em que 1,6 bilhão de pessoas não têm acesso a eletricidade e 2,5 bilhões — aproximadamente um terço da raça humana — ainda carecem de banheiros em casa, será que não temos o poder de mudar isso por meio da ação coletiva, com nossos recursos coletivos?

É a nossa espécie que permite a existência dessas e outras condições que mostram nosso sofrimento coletivo. Deus nos deu o poder de mudar coletivamente essas condições e conduzir a civilização a níveis mais elevados. Simplesmente estamos escolhendo não usar esse poder. Se fizéssemos isso, poderíamos mudar facilmente as coisas. Se podemos enviar um homem à Lua, se podemos decodificar o genoma humano, se podemos clonar ovelhas e outros mamíferos (e humanos, muito em breve), podemos impedir que mais de 650 crianças morram, a cada hora, de

96 | *O caminho essencial*

inanição. Podemos impedir *todo* esse sofrimento evitável. Simplesmente temos que acolher quem realmente somos.

Isso tudo soa muito extravagante, muito improvável ou muito contraditório em relação à nossa ortodoxia presente para caber na atual mentalidade humana?

Ousamos pensar — e ousamos, na verdade, *dizer* — que isso é o que não compreendemos plenamente em relação a nós mesmos, em relação à vida e, sim, em relação a Deus... *uma compreensão que poderia mudar tudo?*

Essa é, certamente, uma grande ousadia.

A ousadia

George Bernard Shaw afirmou: "Todas as grandes verdades nascem como blasfêmias."

Se aceitarmos a afirmação de que todos os humanos são uma combinação de seres espirituais que se manifestam materialmente *e* uma essência que se manifesta individualmente, estaremos diante da conclusão lógica — embora ousada — de que todos nós somos, *de fato*, parte uns dos outros.

Para alguns, esse é um desafio e tanto. Mas tal lógica chega ainda mais longe. Essa decisão necessariamente implicaria que, se existe uma única essência singular em todo o universo e se enxergamos a Divindade *na forma* dessa essência essencial e originária, então todos nós também devemos ser parte do que chamamos de Deus.

É esse, portanto, o significado de *escolher Deus*. Quando decidimos nos definir e conhecer a nós mesmos tanto como seres espirituais quanto como um único ser, estamos escolhendo a afirmação de que a Divindade existe em nós e através de nós. E isso é ousado mesmo.

98 | *O caminho essencial*

Para algumas pessoas, uma declaração como essa parece estar à beira da blasfêmia (ou mesmo ter ultrapassado essa fronteira).

Para algumas pessoas, talvez seja extremamente difícil imaginar ou aceitar que Deus e nós somos um, que cada um de nós, com efeito, é uma singularização da singularidade, uma individuação da Divindade. Portanto, quero lhe apresentar uma analogia que tem me ajudado a traduzir essa ideia enorme em algo de fácil compreensão para a mente.

Considere que estamos para Deus assim como a onda está para o oceano. A onda nasce *do* oceano, expressa a si mesma como o oceano numa forma individualizada e então retorna *ao* oceano, para depois surgir e se expressar de novo, de uma maneira nova e em outro momento. O oceano jamais deixa de estar *dentro* da onda. Ele *é* a onda, se manifestando como uma expressão de si mesmo.

Da mesma maneira, nós nascemos *a partir do* Divino, nos expressamos *como* o Divino de uma forma individualizada e então retornamos *ao* Divino, para depois nascermos e nos expressarmos outra vez de uma nova maneira, num dia diferente. O Divino jamais deixa de estar *dentro* de nós. Ele *é* nós, se manifestando como uma expressão de si mesmo.

Essas talvez sejam úteis formulações metafísicas, mas, sinceramente, eu precisava de mais. Nunca me conformei com engolir por inteiro simples conjecturas, a menos que eu sentisse haver uma mínima *possibilidade* delas estarem assentadas em fatos, minimamente ancoradas na realidade tal qual a conhecemos. Portanto, tentei incorporar um pouco de ciência a isso tudo, apenas para equilibrar a equação entre a metafísica e a física.

O que acabei descobrindo é que "a realidade tal qual a conhecemos" (ou, pelo menos, tal qual *eu* a conhecia) demonstra manter uma relação muito pequena com a realidade verdadeira.

O físico e teórico de sistemas Fritjof Capra nos diz o seguinte em *O tao da física:** "No nível subatômico, os objetos materiais sólidos da física clássica se dissolvem em padrões de probabilidades que se assemelham a ondas; esses padrões, em última análise, não representam as probabilidades das coisas, mas sim das interconexões. Uma análise cuidadosa do processo de observação na física atômica tem demonstrado que as partículas subatômicas não carregam significado enquanto entidades isoladas; elas só podem ser compreendidas como interconexões entre a preparação de um experimento e sua posterior medição. A teoria quântica revela, assim, uma unidade básica no universo. Mostra-nos que não podemos decompor o mundo em unidades menores dotadas de existência independente. À medida que penetramos na matéria, a natureza não nos mostra quaisquer 'blocos básicos de construção' isolados. Ao contrário, surge perante nós como uma complicada teia de relações entre as diversas partes do todo."

---

* Editado originalmente em 1975, esse título foi lançado no Brasil pela editora Cultrix em 2011. [*N. do T.*]

100 | *O caminho essencial*

Para mim isso bastava. Mas não parei por aí. Empolgado com o que acabara de aprender, comecei sem fazer alarde um curso para leigos em física. Porém, nada que tivesse profundidade acadêmica. Um livro aqui, outro acolá, ao longo de alguns meses. Mas o suficiente para me convencer que até mesmo a ciência contemporânea já anunciou que tudo se resume a uma essência que se manifesta individualmente.

Isso tudo trouxe à tona uma pergunta interessante: qual é a conexão entre cosmologia e teologia? Faz sentido acusar de heresia aqueles que acolheram a ideia de que eles são uma expressão do Divino? Está correto chamá-los de apóstatas?

Para mim, esse não era um tema desimportante, portanto também fiz uma pequena pesquisa teológica. Minha intenção era saber o que as fontes religiosas e espirituais tinham a dizer sobre o assunto. Registrei as conclusões de minha pesquisa num livreto intitulado *Recreating Your Self* [Recriando a si próprio].

Passo a transcrever essa pesquisa aqui, pois descobri — conforme imaginei que seria verdadeiro — que parte daquilo que a velha história cultural da humanidade *vinha me contando no passado* é o mesmo que a nova história cultural, que nasce da decisão ousada da humanidade, *está nos contando nesse exato momento.*

Seguem alguns trechos do que descobri...

Isaías 41:23 — *"Anunciai-nos as coisas que ainda hão de vir, para que saibamos que sois deuses; fazei bem ou fazei mal, para que nos assombremos, cheios de temor."*

Salmos 82:6 — "Eu vos disse: 'Vós sois deuses, e filhos do Altíssimo — todos vós.'"

João 10:34 — *"E Jesus respondeu a eles: 'Não está escrito na Lei de vocês. Eu disse: Vocês são deuses?'"*

Sri Swami Krishnananda Saraswati Maharaj (1922-2001), um santo hindu, disse: *"Deus existe; há somente um Deus; a essência do homem é Deus."*

Segundo o budismo, em última instância não existe algo como um eu independente do restante do universo (a doutrina do *anatta*), assim como não há uma única onda que seja independente do oceano.

Além disso, se minha compreensão de certas escolas de pensamento budista estiver correta, os humanos retornam à Terra em vidas subsequentes em uma dentre seis formas, a última das quais é chamada de Devas... termo que costuma ser traduzido como *Deuses* ou *Divindades*.

Por sua vez, a antiga disciplina chinesa do taoísmo fala em encarnação e pragmatismo, dedicando-se à prática de *realizar a ordem natural dentro de si*. Os taoístas acreditam que o homem é um microcosmo para o universo.

O hermetismo é um conjunto de crenças filosóficas e religiosas, ou gnose, que tem como base fundamental os textos pseudoepigráficos helenistas e egípcios atribuídos a Hermes Trismegisto. Segundo o hermetismo, existe um Deus transcendente, o todo, ou uma "causa", da qual nós e o universo inteiro participamos.

Esse conceito foi apresentado pela primeira vez na *Tábua de Esmeralda* de Hermes Trismegisto, nestas famosas palavras: "O que está embaixo é como o que está em cima, e o que está em cima é como o que está embaixo, para realizar os milagres de uma única coisa."

E no sufismo, uma forma esotérica do Islã, o ensinamento "Não há outro deus a não ser Deus" foi alterado, muito tempo atrás, para "Não há nada além de Deus". O que nos transformaria... bem... em *Deus*.

Poderá ser instrutivo e fascinante acessar a Wikipédia, a fonte on-line à qual agradeço por ser a fonte das informações anteriores.

Mas o que dizer daquelas pessoas que recorrem às palavras de Jesus em busca de aconselhamento? Será que elas considerariam herético o conceito de que Deus e nós somos um só? Como essa questão tampouco é irrelevante, analisei mais a fundo as palavras de Jesus, em busca de uma orientação.

A orientação

As palavras atribuídas a Jesus adquiriram uma enorme importância na vida de bilhões de pessoas no mundo inteiro. Portanto, quis investigar se ele teria feito alguma afirmação que fizesse referência a essa ideia espiritualmente revolucionária de que todos somos um.

Usando a Bíblia como fonte, encontrei esta afirmação em João 17:19-22: "Em favor deles eu me santifico, para que também eles sejam santificados pela verdade. Minha oração não é apenas por eles. Rogo também por aqueles que crerão em mim, por meio da mensagem deles; para que todos sejam um, Pai, como tu estás em mim e eu em ti. Que eles também estejam em nós, para que o mundo creia que tu me enviaste. Dei-lhes a glória que me deste, para que eles sejam um, assim como nós somos um."

Minha conclusão foi que Jesus compreendeu, de maneira amorosa, nossa dificuldade de acreditar que somos uma parte de Deus, parte do próprio corpo Dele. No entanto, Jesus realmente acreditava nisso em relação a si mesmo. Portanto, para ele, tratava-se de uma questão

104 | *O caminho essencial*

simples (e uma inspiração maravilhosa): convidar aqueles que eram incapazes de imaginar *a si mesmos* como uma parte de Deus que se imaginassem, num sentido muito real, unidos a *ele*.

Jesus já havia declarado a si mesmo como uma parte de Deus... e, se pudéssemos só acreditar que somos parte do corpo de Cristo, seríamos necessariamente *e por extensão* uma parte de Deus (sendo ou não capazes de encontrar isso dentro de nós mesmos). É por isso que ele afirmou: "Eu sou a videira, vocês são os ramos", em que nos descreve nossa unicidade com ele.

Eis o que o apóstolo Paulo diz na Epístola aos Coríntios (12-16): "Ora, assim como o corpo é uma unidade, embora tenha muitos membros e todos os membros, mesmo sendo muitos, formem um só corpo, assim também é com Cristo. Pois em um só corpo todos nós fomos batizados em um único Espírito: quer sejamos judeus, gentios, quer sejamos escravos ou livres. E a todos nós foi dado beber de um único Espírito. Pois o corpo não é feito de um só membro, mas de muitos. Se o pé disser 'Não sou membro do corpo porque não sou mão', será que isso o faria menos parte do corpo? E se o ouvido disser 'Não sou membro do corpo porque não sou olho', será que isso o faria menos parte do corpo?"

O próprio Jesus deve ter enfatizado essa ideia repetidas vezes, pois todos os registros bíblicos de seus ensinamentos e os comentários feitos sobre eles contêm muitas referências a essa relação.

A orientação | 105

Basta juntarmos algumas dessas referências isoladas para termos uma revelação extraordinária:

"Eu e meu Pai somos um" (João 10:30).

"Dei-lhes a glória que tu me deste, para que eles sejam um, assim como nós somos um" (João 17:22).

"Eu neles, e tu em mim; que eles sejam levados à plena unidade" (João 17:23).

"Para que o amor que tens por mim esteja neles, e eu esteja neles" (João 17:26).

"Assim também em Cristo nós, que somos muitos, formamos um corpo, e cada membro está ligado a todos os outros" (Romanos 12:5).

"Ora, o que planta e o que rega são um só" (1 Coríntios 3:8).

"Porque nós, sendo muitos, somos um só pão e um só corpo, porque todos participamos do mesmo pão" (1 Coríntios 10:17).

"Agora, pois, há muitos membros, mas um só corpo" (1 Coríntios 12:20).

Não há como ser mais claro do que esses textos.

As ideias

Dissemos anteriormente em nossa investigação que as ideias têm importância. Dissemos que são as ideias que dão origem às crenças, as crenças que dão origem aos comportamentos, os comportamentos que dão origem à experiência, e a experiência que dá origem à realidade. Portanto, examinemos algumas das ideias extraordinárias que poderiam emergir da decisão de nos afirmarmos como...

1. Seres espirituais que se manifestam materialmente
2. Uma essência que se manifesta individualmente

... e verifiquemos então se tais ideias não podem ser as mais maravilhosas que já tivemos. A meu ver, elas certamente podem ter um impacto positivo em nossa vida individual e, caso sejam aceitas por uma massa crítica, no mundo como um todo.

(Ora, talvez você considere improvável que o nível de massa crítica — no qual uma em cada dez pessoas se torna

108 | *O caminho essencial*

adepta daquilo que Everett Rogers, professor de Estudos da Comunicação, denominou "difusão da inovação" — seja difícil, ou até mesmo impossível, de ser alcançado. No entanto, já reparamos que, segundo estimativas, não apenas uma em cada dez pessoas, mas uma em cada *quatro*, é usuária do Facebook. Esse novo comportamento foi adotado por um quarto da população humana num intervalo que, em termos cósmicos, poderia ser considerado um piscar de olhos. Portanto, talvez não seja impossível, afinal, que a compreensão e a expressão de nossa verdadeira natureza alcancem um nível de massa crítica.)

Quando um número suficiente de pessoas puder enxergar com clareza a exatidão desse entendimento, os benefícios de aceitá-lo e de agir com base nele, uma imensa bola de neve começará a rolar montanha abaixo.

Se os seres humanos simplesmente decidirem que somos tanto seres espirituais quanto um único ser, nossos conceitos sobre a vida poderão incluir as seguintes ideias:

1. A vida é uma experiência cujo propósito é maior do que a mera sobrevivência.
2. Tudo o que está acontecendo, tanto na vida individual quanto na experiência coletiva, está servindo perfeitamente a esse propósito maior.
3. É possível controlar nossa experiência de vida num nível muito mais alto do que podemos imaginar.
4. Cada evento isolado nos traz benefícios de alguma maneira.

5. Não é necessário que o sofrimento faça parte da vida.

6. Há mais coisas acontecendo por aqui do que podemos ver a olho nu. A vida decorre de um processo de evolução da alma. Isso nada tem a ver com a felicidade mundana — embora a felicidade mundana seja o produto inevitável do progresso evolutivo da alma.

O conceito que fazemos de nós mesmos poderá incluir as seguintes ideias:

1. Não somos, de modo algum, separados uns dos outros, e somos todos individuações da Divindade, singularizações únicas da essência essencial que algumas pessoas chamam de "Deus" — cada um de nós sendo uma expressão do Divino, assim como uma onda emerge e é uma expressão do oceano.

2. Em razão disso, somos todos maravilhosos de incontáveis maneiras.

3. Todos temos a capacidade de ser tudo aquilo que escolhemos ser. (Convém não confundir isso com "tudo que escolhemos *fazer* ou *ter*". Todos somos capazes de ser incondicionalmente amorosos, totalmente conscientes, plenamente despertos, verdadeiramente compreensivos, profundamente sábios, abundantemente transparentes, infinitamente pacientes, maravilhosamente compassivos, plena-

110 | *O caminho essencial*

mente receptivos, invariavelmente generosos, constantemente prestativos, extraordinariamente inspiradores e, numa só palavra, Divinos.)

4. Todos somos capazes de viver dentro dos limites e restrições da experiência humana normal sem precisarmos nos deparar com uma infelicidade prolongada, com um estado de confusão, de desespero, bastando para tanto tratar a nós mesmos e aos outros de um modo diferente.

Nosso conceito em relação a Deus poderá incluir as seguintes ideias:

1. Deus existe.
2. Deus é a essência essencial em toda a criação, que poderia ser chamada (para usarmos uma analogia humana) de célula-tronco do universo — ou seja, a energia pura e eterna, indistinta, que é a fonte de toda a criação, de toda a sabedoria, de toda a compreensão, de toda a inteligência e de todo o amor, que pode se manifestar por meio de ilimitadas formas físicas ou metafísicas, o que inclui cada ser senciente no cosmos.
3. Não há separação entre o criador e a criatura. A Divindade pode ser encontrada em cada uma das Criações da Divindade, já que Deus é o todo dentro do todo, o alfa e o ômega, o início e o fim, o primeiro e

o último, e que, portanto, não está ausente em ninguém nem nada.

4. Em Deus pode-se encontrar amor para cada um de nós e para tudo o que existe na vida de modo incondicional, sem limites, não havendo a exigência de que lhe demos algo em troca.

5. Em Deus não há a necessidade de nada. Deus não carece de nada e nada anseia, pois Deus é a fonte e o Criador de tudo e de qualquer coisa que o desejo pode ser capaz de conceber.

6. Em Deus não há julgamento, nenhuma condenação e nenhuma punição pelo que quer que seja, considerando que não podemos, de modo algum, magoar, prejudicar, ferir ou irritar aquilo que Deus é.

7. Em Deus encontramos a liberdade e o poder de criar nossa própria realidade interior a partir dos eventos, situações e circunstâncias exteriores da vida.

8. Em Deus encontramos a essência daquilo que chamamos de amor, que é a melhor definição, numa única palavra e em toda a linguagem humana, para a Divindade; em Deus podemos sentir que a essência nos acolhe e nos fortalece sempre que buscamos essa experiência, por quaisquer meios.

9. Em Deus encontramos a liberdade perfeita para criar aquilo que é a nossa vontade de criar, e em Deus podemos ter um relacionamento pessoal que contenha a unicidade, a singularidade de propósitos, de desejos e de intenções.

112 | *O caminho essencial*

E, finalmente, nossos conceitos sobre o que acontece após a morte poderão incluir as seguintes ideias:

1. Nunca deixamos de existir, seguiremos vivendo para todo o sempre, na forma em que escolhermos viver.

2. Seremos novamente reunidos a todas a pessoas que amamos em vida.

3. Permaneceremos unidos àqueles que continuarão vivendo depois de nós, na atual forma física deles. Sentiremos o amor deles, e eles sentirão o nosso.

4. Nossa experiência não incluirá nada além de alegria, liberdade, total compreensão, um completo despertar, absoluta serenidade e uma infinita bem-aventurança, com o pleno conhecimento de que qualquer coisa que quisermos explorar estará disponível para nós na mesma velocidade de nosso pensamento.

5. Teremos a escolha de retornar à vida física que acabamos de deixar e poderemos escolher a oportunidade de vivenciar de modo ainda mais pleno qualquer aspecto dessa expressão particular ou das prioridades eternas e mais abrangentes da alma.

6. Poderemos retornar à vida física em algum outro lugar naquilo que chamamos de "tempo", nos expressando de outra maneira naquilo que chamamos de "encarnação", e faremos isso dando sequência ao propósito eterno e glorioso da própria vida, de uma

"encarnação" à seguinte, à medida que expandimos infinitamente nossa experiência e a expressão de quem realmente somos.

7. Poderemos optar por nos movimentar ao longo de sucessivas vidas tendo a companhia amorosa da pessoa que amamos em nossa experiência física anterior, vivendo para sempre como parceiros de alma.

Talvez você tenha dificuldade de aceitar algumas dessas ideias. Talvez elas sejam diferentes — e possam até mesmo ir na direção contrária — de algumas de suas crenças mais arraigadas. Ou talvez concorde com todas ou com a maioria delas.

Seja como for, como uma mera incursão intelectual, ou como um simples exercício mental, você está convidado a reservar algum tempo para investigar isso tudo em profundidade, e então se perguntar: o que você acha que aconteceria se a humanidade como um todo se mostrasse receptiva a essas ideias? Você acha que estaríamos melhor ou pior do que estamos hoje? O que você acha que mudaria — se é que algo mudaria?

As mudanças

Talvez seja intrigante afirmar que uma tomada de decisão pode melhorar tudo, mas qualquer ser racional teria interesse em saber mais a respeito disso. Ele talvez diga que nós analisamos algumas ideias, mas não consideramos os *resultados* que podem surgir a partir do momento de tomarmos a decisão ousada da vida.

Os céticos poderão perguntar: quais seriam os resultados concretos caso atingíssemos a massa crítica na aceitação do fato de que todos somos seres espirituais/um único ser? O que isso representaria na "vida real"?

Sem precisar pensar muito a esse respeito, vejo as seguintes possibilidades...

Acredito que, em nossas estruturas e convenções sociais, acabaríamos abandonando e, no fim das contas, deliberadamente desmantelando e repudiando grupos exclusivistas, organizações com interesses ocultos, agências governamentais e todas as demais estruturas e configurações sociais que limitam as oportunidades das pessoas, que desconsideram as prioridades das pessoas, que frag-

116 | O caminho essencial

mentam o futuro das pessoas, que limitam os direitos e os benefícios das pessoas, que restringem o acesso das pessoas, que priorizam a rivalidade em detrimento da cooperação nos empreendimentos políticos das pessoas ou criam uma energia antagonista, agressiva ou perniciosa em qualquer atividade humana.

Resumindo, a sociedade como um todo passaria a adotar um lema novo e iluminado: "Nosso caminho não é o melhor, é só diferente." Ela perceberia que há mais de um caminho que conduz ao topo da montanha e que o propósito de qualquer civilização altamente evoluída não será alcançar o cume antes dos demais, mas sim todos chegarmos a ele juntos.

Uma sociedade avançada admitiria que, embora possa ser eficaz e maravilhoso estarmos todos juntos compartilhando interesses, fazer isso de uma maneira que sistematicamente impede a participação de pessoas com base na raça, na religião, nas convicções políticas, na idade, no gênero ou na orientação sexual seria algo diametralmente oposto àquilo que move o desejo de criar uma coletividade: supostamente criar o mais favorável clima de companheirismo, as melhores oportunidades e o bem maior de todos.

Dessa forma, a sociedade serviria a seu propósito mais elevado e a sua função maior: reunir a nós todos e nos manter juntos como espécie.

Acredito que em nossas religiões poderíamos testemunhar o fim das aparentemente infinitas competições entre as almas humanas. As religiões abandonariam a tentativa de se apresentar como o único caminho que conduz a Deus. Elas ajudariam as pessoas a buscar caminhos individuais, mas não alegariam *ser* o caminho. E deixariam de usar o medo como principal ferramenta e como estratégia básica.

Elas deixariam de pregar que, a menos que as pessoas sigam suas doutrinas, terão que passar a eternidade no infinito fogo do inferno. Elas se tornariam uma fonte de conforto, orientação e vigor, sempre dispostas a prestar assistência em momentos de necessidade.

Dessa forma, a sociedade serviria a seu propósito mais elevado e a sua função maior: tornar-nos receptivos à possibilidade, ao espírito prático e à presença de Deus — bem como aos *presentes* de Deus. Ficaria claro que os presentes de Deus estão imediatamente disponíveis a todos, sem que precisemos alimentar ansiosos desejos — tal como crianças diante de uma vitrine de confeitaria — de obter coisas que nos parecem estar fora do alcance.

Acredito que em nossa política poderíamos testemunhar o fim das segundas intenções, dos jogos de poder e da demonização das pessoas que têm pontos de vista diferentes. Os partidos políticos deixariam de reivindicar que o seu caminho é o único possível. Eles trabalhariam juntos a fim de encontrar soluções para os problemas mais urgentes e para melhorar a sociedade, atendendo a interesses comuns a todos.

Eles tentariam integrar suas ideias mais factíveis às ideias mais factíveis dos colegas que têm posições políticas

118 | *O caminho essencial*

diferentes. Assim, a política poderia servir a seu propósito mais elevado e a sua função maior: criar um processo de cooperação e de colaboração visando melhorar a vida de todos os cidadãos.

Acredito que em nossa economia poderíamos testemunhar o fim da busca do maior-melhor-mais como parâmetro internacional para medir o sucesso. Criaríamos um novo ponto de partida, no qual a "produtividade máxima" seria redefinida por uma mudança naquilo que estamos tentando *produzir*. Nossa busca incessante de lucros-lucros-*lucros* seria substituída pelo compromisso — assumido por todos os níveis hierárquicos — de criar um mundo em que a meta é que cada pessoa tenha a oportunidade de viver com dignidade, tendo suas necessidades básicas atendidas — um compromisso motivado por um senso de reverência e admiração pelo universo, e de reverência por todas as formas de vida (não apenas a nossa).

Dessa forma, a economia serviria a seu propósito mais elevado e a sua função maior: proporcionar aos membros da espécie uma maneira de fazer negócios e servir uns aos outros, num processo que permitisse que o bem maior alcançasse a todos, sem deixar ninguém para trás lutando, sofrendo e morrendo enquanto outros continuam se deleitando em seus luxos mais do que supérfluos.

Vejo essas mudanças, e muito mais, à medida que toda a nossa espécie humana começa a se dar conta de que a declaração em duas partes que denominei a decisão mais importante da humanidade basicamente se resume a três palavras: *somos todos um*.

Essa ideia é fantástica. Longe de soar como imatura, realmente poderia acabar de vez com as guerras, redefinir a maneira como resolvemos as desavenças, recriar o modo como partilhamos os recursos e reinventar nossa própria razão de viver — a razão pela qual fazemos o que estamos fazendo, dizemos o que estamos dizendo, temos o que estamos tendo, buscamos o que estamos buscando, damos o que estamos dando, tomamos o que estamos tomando e amamos as pessoas e coisas que estamos amando.

Assim, essa ideia poderia mudar algumas escolhas que fazemos em casa, as palavras que empregamos nas conversas na hora do jantar, a maneira como agimos na cama, as ideias que nos passam pela mente.

Sintetizando isso tudo numa frase simples: ela poderia *civilizar a civilização*. E é isso que muitas, muitas pessoas anseiam neste exato momento. Podemos voltar a ser civilizados? É preciso haver tamanha polarização entre nós? Chegaremos um dia a destrancar nosso coração? Qual é a chave que nos permite fazer isso?

A chave

Por mais maravilhoso que o capítulo anterior possa soar, talvez haja uma última pedra no caminho daqueles que se mostram abertos à plena aceitação da ideia de que estão em acordo com as demais pessoas do mundo.

Estamos em acordo com aqueles que praticaram atos terríveis, coisas que nós jamais faríamos, em hipótese alguma? Podemos aceitar que somos unidos àqueles que fazem o oposto de tudo o que consideramos bom, amoroso e humano?

Mesmo que a ideia de nossa unicidade alcance uma massa crítica e que criemos uma sociedade da qual o comportamento aterrorizador seja praticamente eliminado, o que será daqueles poucos dentre nós, a pequena minoria que talvez ainda insista em agir dessa maneira?

O que será daquelas pessoas que insistem em manter tais práticas e as *atuais* condições sociais, enquanto nossa espécie segue à espera de *alcançar* uma massa crítica que acredite em sua singularidade?

Certamente, essa é mais uma questão sensata a ser considerada.

122 | *O caminho essencial*

A resposta é que os seres humanos são capazes de admitir sua unicidade até mesmo com aqueles que às vezes são rotulados como o pior da espécie — e a chave para tornar tal decisão mais fácil pode ser resumida numa única palavra. Já chegarei a ela; mas antes disso, quero fazer um "preâmbulo".

A compreensão de nossa unicidade não exige que aceitemos a noção de "igualdade". As palavras "inseparável" e "idêntico" não são sinônimas. Ninguém aqui está sugerindo que, pelo fato de sermos um, somos todos iguais.

Portanto, a pergunta é: somos capazes de aceitar que há uma parte do nós unificado que alguns indivíduos não considerem atraente ou aceitável? Essa pergunta se torna mais significativa quando é formulada assim: existe uma parte *sua* que você alguma vez já chegou a considerar nada atraente ou inaceitável?

Se sua resposta for não, então talvez você tenha dificuldade em aceitar a ideia de que pessoas que demonstram um comportamento que você considera inaceitável estão "em acordo" com você e que você é está "em acordo" com elas.

No entanto, se puder recordar uma situação em que teve alguma atitude nada atraente ou inaceitável, conseguirá entender como uma pessoa é capaz até mesmo de fazer coisas horríveis (coisas que você jamais faria), e poderá começar a considerar o entendimento de Fritjof Capra e de outros físicos que afirmam que todas as coisas *são* uma única coisa — muito embora todas essas coisas não sejam a mesma coisa.

Uma mestra espiritual certa vez colocou isso numa perspectiva maravilhosa quando me convidou a recordar aquelas pessoas que, a meu ver, agiram de modo horrível. Ela me desafiou a refletir sobre qual resposta elas possivelmente dariam se alguém lhes fizesse a pergunta mais compassiva da vida:

"O que é que te causa tanta mágoa a ponto de você sentir que precisa magoar os outros para poder curar essa mágoa?"

No momento em que examinei essa pergunta a fundo, encontrei a chave que me deixou receptivo a olhar para os outros de maneira completamente diferente, pois essa pergunta supõe que nas origens de cada pessoa se encontra uma bondade inata, e *eis o lugar onde nós todos somos um*.

Essa é a parte de cada indivíduo que todos nós compartilhamos. Se os outros se distanciaram dessa parte de si mesmos por causa das próprias dores, isso não significa que ela não existe. Significa que eles a perderam de vista, mas não quer dizer que não a possuem mais.

Aqui está, portanto, em uma palavra, a chave: compaixão.

De repente encontrei uma maneira de não sentir a necessidade de condenar os outros — nem mesmo aqueles que foram considerados "os piores" dentre nós. Isso aconteceu no momento em que passei a imaginar tudo que lhes deve ter acontecido na vida, a motivação que os levou a abandonar completamente sua verdadeira natureza e fazer o que fizeram.

Isso não justifica as ações dessas pessoas, tampouco significa que devemos validar essas ações. Mas significa, sim, que podemos compreendê-las. Assim, podemos nos

124 | *O caminho essencial*

elevar acima da imperiosa necessidade de condenar, e até mesmo demonstrar misericórdia.

Será que isso é pedir muito? Será mais do que pode ser considerado adequado, tendo em vista que algumas pessoas estão de fato tentando nos matar? Bem, vejamos.

Em 13 de maio de 1981, um homem chamado Mehmet Ali Ağca disparou vários tiros na direção do papa João Paulo II enquanto ele era conduzido em carro aberto pela praça São Pedro, na Cidade do Vaticano. A tentativa de assassinato deixou o papa numa situação de extrema gravidade, em que ele sentia fortes dores. O homem foi capturado, levado a julgamento e condenado à prisão perpétua.

Embora tenha sido gravemente ferido e tido uma hemorragia aguda devido às quatro balas que o atingiram — duas no intestino grosso, uma no braço direito e uma na mão esquerda —, o papa se recuperou e então pediu a todos os católicos que orassem por Ağca, dizendo que ele havia "perdoado genuinamente" o homem que o atacou.

Para dar ênfase ao que havia dito, dois anos mais tarde o pontífice visitou Ağca em sua cela. Ambos tiveram uma conversa reservada, e não me surpreenderia se alguém dissesse que o papa lhe apresentou alguma versão da pergunta mais compassiva da vida. Qualquer que tenha sido o conteúdo da conversa, eles trocaram um aperto de mãos afetuoso, e o pontífice deu a bênção papal àquele homem.

Ele abençoou o homem que tentou matá-lo.

("Eu, porém, vos digo: amai a vossos inimigos, bendizei os que vos maldizem, fazei bem aos que vos odeiam e orai pelos que vos maltratam e vos perseguem...")

Mas espere. Essa história não termina aqui. No ano 2000, o pontífice pediu às autoridades civis que Ağca fosse perdoado. E o pedido foi aceito.

Muitas pessoas talvez considerem difícil, se não impossível, fazer o que o papa João Paulo II fez. Isso porque somos uma espécie muito jovem. Conforme foi explicado antes, na escala do universo, ainda estamos na infância. No entanto, à medida que nossa espécie amadurecer espiritualmente, chegaremos a uma compreensão profunda que nos proporcionará uma experiência ainda mais clara de nossa unicidade com todos. E então poderemos nos deparar com outra grande verdade:

TODO ATO É UM ATO DE AMOR.

Deixei essa frase isolada e em negrito para ressaltar sua importância para a jornada espiritual da humanidade — uma jornada em que você embarcou, do modo mais determinado e consciente que já fez desde que nasceu... a menos que você ache que tudo o que está lendo neste momento lhe chegou por mero acidente.

Você não topou com este livro "por acaso". Não "calhou" simplesmente de tê-lo encontrado. Em algum nível muito profundo, você sabia que ele oferecia, para a humanidade inteira, aquilo que muitos de nós têm buscado. Uma saída para este pântano. Uma trilha no meio da selva. Um trampolim.

O trampolim

Uma verdade indiscutível, que não admite exceções e que tem nos acompanhado ao longo de toda a história humana é que não há uma única ação, escolha ou decisão tomada por qualquer ser humano que não tenha se originado do amor.

Em alguns casos, de um amor profundamente distorcido, é verdade. Em algumas circunstâncias lamentáveis, sim, um amor expressado de modo confuso e distorcido. Mas até mesmo o crime mais hediondo e a agressão mais horrível foram a expressão do amor de uma pessoa por algo. Quando se examina qualquer coisa a fundo, pode-se confirmar essa afirmação.

Mestres espirituais já nos disseram: "Amor é tudo o que existe." Esse é o alicerce do importante insight que está na conclusão do capítulo anterior, um trampolim para o caminho evolutivo de nossa espécie.

Se o que tantos mestres espirituais nos disseram — que a energia pura e a essência essencial do universo que compõem a totalidade do Universo consistem naquilo que em linguagem humana é chamado de "amor" —, então tudo que existe deve emergir dele e ser uma expressão dele.

128 | *O caminho essencial*

O que dizer, então, do medo? Da raiva? Do ódio? Do mal? O que dizer da violência e dos assassinatos? Certamente, essas não podem ser expressões do amor.

Mas elas são. Se a pessoa não amasse algo, ela não teria medo de nada. Se ela não amasse algo, ela não ficaria irritada com o seu oposto.

Se uma pessoa (ou um grupo) não amasse algo ao extremo — um princípio, uma doutrina, uma ideia, um estilo de vida, uma outra pessoa ou um bem material —, ela sequer pensaria em recorrer a medidas extremas para alcançar, manter ou proteger o que ama.

Se não amasse algo intensamente, não poderia jamais ficar zangada com a possibilidade de não ter esse algo ou de alguém ter roubado isso dela.

Os ladrões agem motivados pelo amor. Os terroristas agem motivados pelo amor. As pessoas que cometem "crimes passionais" agem motivadas pelo amor.

Que fique claro uma vez mais: isso não significa a aprovação desses atos, mas ajuda a explicá-los. Existe algo — um objeto, uma experiência ou um resultado — que determinadas pessoas amam tanto a ponto de desejá-lo com unhas e dentes, e, como esses indivíduos não conhecem (ou acham que não há) nenhuma outra forma de obtê-lo, roubam, ferem, praticam abusos e matam.

O problema não está no fato dos seres humanos não amarem, o problema é que uma quantidade excessiva de seres humanos *demonstra* seu amor de maneiras que eles próprios não aprovariam. Em outras palavras, poucos de nós já aprenderam a fazer para os outros o que gostaríamos que fizessem para nós.

Você e eu talvez não tenhamos feito coisas *horríveis*, mas cada um de nós, em algum momento do passado, já fez coisas que provocaram, num nível muito mais baixo, o mesmo tipo de resultado — a mágoa de alguém —, e pela mesma razão: por termos expressado nosso amor por alguém ou por algo de maneira que feriu alguém.

Talvez o objeto de nosso amor, nessa situação, tenha sido a ideia de "ter razão". Talvez tenha sido o desejo de que a situação tivesse ocorrido da maneira que achamos correta. Talvez tenha sido o poder, a riqueza ou uma posse específica. Talvez tenha sido uma experiência particular, ou então a vontade de estar ao lado de uma pessoa em particular. Pouco importa o que tenha sido; foi o nosso amor por *isso* que provocou a mágoa de *outra pessoa*. A maioria de nós já passou por essa situação pelo menos uma vez na vida.

A única diferença entre nós e os outros (além da escala e da dimensão das coisas) é que tínhamos certeza, no momento em que fazíamos *nossa* escolha, que nossas ações eram compreensíveis — ou, no mínimo, perdoáveis.

("No amor e na guerra, todas as coisas são justas", escreveu John Lyly em seu romance *Euphues: The Anatomy of Wit* [Euphues: a anatomia da inteligência], em 1578. Pelo menos desde tal época nos mantemos fiéis a *essa* ideia.)

Eis o argumento: o amor, sendo a essência essencial do universo, é muito poderoso e pode produzir resultados altamente impactantes. Por isso, é importante termos muita cautela com nossa expressão de amor. Sim, talvez soe simplista e ingênuo dizer isso, mas essa é uma frase que merece ser dita, pois certamente ainda não há um número suficiente de pessoas que a compreendem. Assim como a energia nuclear pode ser usada tanto para fornecer energia a uma cidade quanto para destruí-la, a energia do amor também pode ser usada tanto para curar quanto para ferir, seja as pessoas ou o planeta.

No entanto, um comportamento destrutivo ou que possa ferir alguém jamais seria concebível, e muito menos praticado, se a crença mais sagrada da população da Terra fosse a de que somos seres espirituais que se manifestam materialmente e uma essência que se manifesta individualmente.

E um indivíduo que tenha plena compreensão disso, diante de qualquer ato que cause um ferimento profundo, reagiria perguntando a si mesmo de que maneira o responsável por tal ato responderia a uma versão ligeiramente alterada da pergunta mais compassiva da vida: "O que é que você ama tanto que o faz sentir que precisa ferir os outros para que possa vivenciar, proteger ou manter isso consigo?"

Quando buscamos a resposta para essa pergunta, descobrimos com clareza — ainda que com tristeza — que os atos dessa pessoa foram, em última instância, motivados pelo amor. Por um amor profundamente distorcido, é verdade. Que não deve ser aprovado em razão de ter uma justificativa. Mas que deve ser compreendido e assim concebido pela mente de Deus (e em nossa mente, se escolhemos vivenciar Deus como parte de nossa experiência) de uma maneira diferente.

O modo diferente

Nossa espécie é capaz de encontrar um modo diferente de ser humana? Somos capazes de criar uma nova ética pessoal, uma nova expressão pessoal, uma nova experiência pessoal? O indivíduo mediano — isto é, você e eu — poderá um dia servir de modelo?

Sim. Para podermos resolver os problemas em casa e no mundo, tudo o que temos a fazer é encontrar a determinação para tal. E isso ocorre de modo espontâneo nas espécies que compreendem quem são e o que são.

No universo, existem seres muito avançados. Eles vivem de um modo diferente, já tendo tomado há bastante tempo, nos estágios iniciais de seu desenvolvimento (muito possivelmente o estágio em que estamos agora) uma decisão ousada. Eles decidiram admitir que a essência essencial (que alguns de nós chama de Deus) era o ingrediente único no qual eles consistiam e que jamais imaginariam a si próprios de maneira diferente.

A maravilhosa frase de Maya Angelou me vem agora à mente: "Quando tenho mais discernimento, faço melhor."

132 | *O caminho essencial*

A humanidade está chegando agora a um estágio em que começamos a ter maior discernimento. Portanto, cada um de nós *pode* escolher — mesmo que outros ainda não possam — conhecer qual é, de fato, a "natureza humana", expressá-la e saber o que ela é.

Assim, da mesma forma que somos compreensivos com crianças cuja imaturidade e estado de confusão as levam a praticar alguns atos, nós perceberemos que isso também se aplica a adultos que têm posturas infantis e nocivas. Ficará claro que *eles ainda não têm discernimento*.

Não sentimos uma profunda necessidade de "perdoar" uma criança quando ela age de modo infantil. A chave que mencionei anteriormente, a compaixão que descrevi, surge naturalmente quando percebemos a imaturidade dela e o estado de confusão em que está imersa. Na verdade nos percebemos *a tranquilizando* quando ela quebra uma estimada relíquia na família, brinca com fósforos e cria um caos pela casa.

Essa é uma reação apropriada diante das atitudes de uma criança, mas isso acontece diante das atitudes de um adulto? Faz sentido lidar dessa maneira com a crescente Alienação de seres humanos maduros? Perante aqueles que nos magoaram, ou na verdade tentaram nos matar, devemos nos aproximar e trocar um aperto de mãos? O que quero dizer é: o que passava pela mente do papa?

Talvez ele estivesse considerando o seguinte: "Vocês ouviram o que foi dito: 'Olho por olho e dente por dente.' Mas eu lhes digo: 'Não cedam ao mal. Se alguém lhe ferir na face direita, ofereça-lhe também a outra. E, se alguém quiser processá-lo e tirar-lhe a túnica, deixe que leve também a capa. Se alguém o forçar a caminhar com ele por um quilômetro, caminhe por dois com ele.'"

E, em relação a ter *abençoado* o prisioneiro, talvez o papa tenha se lembrado das seguintes palavras: "Eu, porém, vos digo: amai a vossos inimigos, bendizei os que vos maldizem, fazei bem aos que vos odeiam e orai pelos que vos maltratam e vos perseguem; para que sejais filhos do vosso Pai que está nos céus. Porque Ele faz com que o sol se levante sobre os maus e os bons, e a chuva desça sobre os justos e os injustos. Pois, se amardes os que vos amam, que recompensa tereis? Os publicanos também não fazem o mesmo? E, se saudares unicamente os vossos irmãos, que fazeis de mais? Os publicanos também não fazem assim?"

(Alguém tem algum comentário? Alguma pergunta? É possível que o significado dessas palavras de Jesus não tenha ficado claro?)

Jesus não foi o único a sugerir que amemos nossos inimigos. Séculos antes dele, Buda aconselhou seus monges na agora famosa Parábola da Serra: "Mesmo se bandidos cortarem você de maneira selvagem, membro por membro, com uma serra dupla, aqueles dentre vós que não contiverem a ira não estarão seguindo meus ensinamentos." Buda os ensinou a "demonstrar preocupação e oferecer misericórdia" pelos seus agressores, com uma mente amorosa, e a não ceder ao ódio.

E outros mensageiros — tanto na Antiguidade quanto na contemporaneidade, das mais variadas tradições culturais — também nos fizeram exatamente o mesmo convite. Portanto, essas ideias não são novas. Mas o que *pode* ser novo nos dias de hoje é a sua determinação para encontrar uma maneira de levar essas ideias a um plano mais elevado na vida.

No entanto, talvez essas mensagens não sejam suficientes. Precisamos de algo mais, de algo novo.

Precisamos agora fazer uma escolha maior. Tomar uma decisão ousada. Precisamos fazer a *escolha* de conhecer *Deus* como parte de *nós*. Isso significa adotar, acolher, aceitar, expressar e ter consciência de que somos seres espirituais que se manifestam materialmente e uma essência que se manifesta individualmente.

Mas qual é o *método* que podemos adotar para fazer isso? Já falamos diversas vezes sobre a importância de tomar essa decisão, mas agora a pergunta é: *como isso funciona?* Como podemos expressar essa escolha na vida cotidiana? Como incorporar isso à nossa experiência diária, a cada momento?

A experiência

Certo, o que direi na sequência não precisa ser complicado nem difícil. Certamente poderá ser desafiador, mas "desafiador" e "difícil" não significam a mesma coisa.

Qualquer indivíduo que tenha aprendido a esquiar e é bom nisso sabe a diferença. Qualquer pessoa que tenha aprendido a fazer *crêpes* franceses e é boa nisso sabe a diferença. Qualquer pessoa que tenha aprendido a falar uma língua estrangeira e é boa nisso sabe a diferença.

Aquilo que é constantemente "difícil" pode ser exaustivo. Aquilo que é constantemente "desafiador" pode ser revigorante. Essa é a diferença.

Passar a viver a vida como um ser espiritual que se manifesta materialmente pode ser desafiador, mas será maravilhosamente revigorante assim que você perceber a diferença entre viver dessa maneira e o modo como vivemos antes de tomar essa decisão.

Passar a viver sua vida como uma essência que se manifesta individualmente pode ser ainda mais desafiador, pois isso coloca você numa pista que o conduz com maior velocidade rumo ao processo evolutivo. Mas isso pode

136 | *O caminho essencial*

ser mais do que revigorante. Pode ser revitalizador. Reanimador. Restaurador. Regenerador. Rejuvenescedor. Recuperador.

Isso *recupera* sua verdadeira identidade — uma identidade que talvez você tenha deixado de lado quando lhe foi contada a velha história cultural sobre quem você é e sobre qual é a natureza humana e quando você aceitou isso tudo como verdade, embora não fosse.

Você agora sabe que a "natureza humana" *não* consiste em pensar sobretudo na própria sobrevivência, que a "natureza humana" *não* consiste em se negar a ser compassivo, que a "natureza humana" *não* consiste em se manter isolado dos outros e que a "natureza humana" *definitivamente não* consiste em se manter num estado de Alienação.

Você agora sabe que ser menos que maravilhosamente magnífico, menos que incrivelmente sábio, menos que completamente transparente, menos que ousadamente Divino não faz parte da "natureza humana", mas *o exato contrário.*

Como agora temos maior discernimento, podemos todos fazer melhor. Podemos agora implementar, realizar, *encenar* nossos pensamentos mais elevados sobre quem e o que somos, levando eles, em nossa realidade cotidiana, a passar do conceito à experiência.

Permita-me apresentar a você, diretamente do Departamento de Informações com Potencial Utilidade, três ferramentas que descobri terem uma utilidade maravilhosa à medida que busco não apenas saber, mas *expressar* que sou um ser espiritual vivendo num corpo físico e que todos somos individuações de uma única essência. Não uso essas ferramentas com a frequência de que gostaria (é uma questão de disciplina, uma área em que ainda estou me aperfeiçoando), mas estou me saindo melhor hoje do que antes, portanto vou seguir estimulando a mim mesmo a prosseguir.

Convido você a fazer o mesmo, sejam quais foram os processos e os métodos que preferir usar.

A Ferramenta 1 me proporciona uma maneira de acolher o primeiro aspecto de minha verdadeira natureza — que não sou apenas uma entidade física, mas um ser espiritual. Já que escolhi me expressar como um ser espiritual, comecei a fazer a mim mesmo uma pergunta simples, mas poderosa, várias vezes ao dia. Você poderia chamá-la de pergunta sobre a existência.

Eu me faço essa pergunta interiormente quando estou pensando em assistir a um programa de televisão ou quando vou ao cinema. Quando sou convidado a algum tipo de reunião social. Quando estou percorrendo as prateleiras de minha biblioteca em busca de algo para ler ou passando os olhos pela geladeira em busca de algo para comer.

Tento lembrar de me fazer essa pergunta antes de tomar *qualquer* decisão que vai criar uma experiência de mim mesmo de maneira particular, neste dia específico. Também faço essa pergunta quando me vejo numa situação particularmente difícil ou frustrante. Quando algo que planejei

138 | *O caminho essencial*

não está tendo o resultado que eu esperava ou quando estou tendo um bate-boca com uma pessoa que amo.

Eis a pergunta.

O que isso tem a ver com as prioridades da minha alma?

Sempre que coloco a mim mesmo essa pergunta, a resposta que recebo é quase instantânea. O que estou prestes a fazer ou a dizer está em sintonia com as prioridades de minha alma, ou então não está. Isso fica claro imediatamente para mim. E encaro a escolha à minha frente como uma oportunidade de crescimento — para expandir até alcançar a plena experiência de minha verdadeira natureza.

Se estou atravessando um momento difícil na vida, a resposta à minha pergunta sobre a existência me permite também olhar para esse momento sob uma nova perspectiva — não como obstáculo, mas como oportunidade de crescimento.

Sei que isso poderá lhe soar quase como um inacreditável clichê, mas o crescimento pode, na verdade, se tornar uma possibilidade bem-vinda e empolgante a partir do momento em que compreendo o que estou fazendo aqui. Ou seja, por que vim à Terra.

Vim aqui para o meu crescimento. *Vim* aqui para me expandir. E vim aqui como parte de uma viagem eterna que não começa nem termina com meu nascimento e minha morte nesta "vida".

Para que eu possa transformar cada momento de escolha na vida de algo aparentemente sem sentido para algo significativo, e cada momento de dificuldade na vida de algo aparentemente desagradável para algo agradável, preciso ter a clareza de que a prioridade de minha alma é recriar a mim mesmo novamente, em cada momento dourado do agora, na versão mais grandiosa da maior versão que já tive em relação a quem eu sou.

Em outras palavras, criação. Criação *contínua*. A contínua criação do eu — a qual, conforme podemos perceber em última instância, não consiste em autocriação, no verdadeiro sentido da palavra, mas em *autorrealização*. Na verdade, não estamos criando quem somos, mas começando a conhecer e saber quem somos num patamar superior.

Uma vez consciente dessa prioridade (que acredito ser a prioridade que todos compartilhamos, chamada "evolução"), coloquei ao meu alcance um modo de conhecer a mim mesmo como um ser espiritual. Simplesmente passei a inserir minhas escolhas e meus encontros cotidianos no contexto de uma nova estrutura — a estrutura que é formada pela minha identidade espiritual e meu objetivo espiritual, ambos eternos.

A Ferramenta 2 consiste em assumir o firme compromisso de me dedicar a conhecer aquele aspecto de mim mesmo que identifico como a essência que se manifesta individualmente. Ao fazer a mim mesmo uma pergunta diferente em determinados momentos do dia, constatei que isso é mais fácil do que eu imaginava.

Nesses momentos, sinto que estou sendo impulsionado por uma emoção, seja positiva ou negativa, enquanto

140 | *O caminho essencial*

observo ou reparo em alguém ou em algo que parece estar separado de mim. Pode ser um pôr de sol. Ou então um repentino e assustador vendaval. Pode ser o cuidado maravilhosamente amoroso que uma pessoa demonstra em relação a mim. Ou ainda uma situação como descrevi anteriormente, em que alguém se mostra agressivo ou até parte para o confronto.

Pode ser a presença de alguém cujo comportamento estou observando a distância ou do outro lado da sala. Diante de qualquer comportamento que me provoca alguma emoção, faço a mim mesmo uma segunda pergunta, que, se eu assim desejar, estará relacionada à primeira. Você poderá chamá-la de pergunta sobre minha unicidade.

Eis a pergunta.

Existe alguma parte do que estou neste momento observando "ali" que eu já tenha visto "aqui" — dentro de mim mesmo?

Se estou observando um lindo e glorioso pôr do sol, existe uma parte de mim que seja linda e gloriosa, a partir da qual nasça em mim um estado de alerta? Se ouço falar de uma pessoa que teve uma atitude incrivelmente corajosa (por exemplo, que saiu correndo em meio ao trânsito da rua para salvar a vida de outra pessoa), existe uma parte de mim que seja incrivelmente corajosa, a partir da qual nasça em mim um estado de alerta?

Se vejo ou ouço alguém que demonstra uma atitude autoritária ou egoísta, ou mesmo indelicada ou ofensiva, existe alguma parte de mim que é ou já foi autoritária ou egoísta, ou mesmo indelicada ou ofensiva, a partir da qual nasça em mim um estado de alerta?

Esteja eu observando algo ou alguém magnífico, ou algo ou alguém aquém desta magnificência, permito a mim mesmo observar se consigo encontrar alguma versão daquilo dentro de mim mesmo. Mais do que qualquer outra ferramenta que conheço, isso tem me ajudado a sentir — e, na verdade, a *vivenciar* — a parte de mim que me está sendo mostrada.

Quando — e se — eu enxergo a mim mesmo fora de mim, é nesse momento que percebo que tal lugar não *existe*. Percebo que o "fora de mim" não existe; que não há nada "fora de mim" que eu não possa encontrar "dentro de mim" em algum nível, em alguma medida, em alguma proporção. É neste momento, portanto, que posso conhecer e mostrar uma verdadeira compaixão pela pessoa em quem eu vejo a mesma coisa em versão maior. Ou talvez a mesma coisa em versão menor.

Em última instância, eu deixo de medir e paro de comparar para saber quem é maior ou menor em relação a mim. Deixo de procurar quem é "melhor" ou "pior", quem é "mais" ou "menos". Vejo apenas eu mesmo fora de mim, "representando" uma parte de mim que está dentro de mim — que eu *vivenciei* ali.

Se essa é uma parte de mim que me agrada, e se pensar em mim dessa forma me traz alegria, eu me determino a demonstrar mais desse meu lado ao longo de minha vida. Se essa é uma parte de mim que me desagrada, e se pensar

142 | *O caminho essencial*

em mim dessa maneira me entristece, eu me comprometo a demonstrar cada vez menos desse meu lado ao longo de minha vida.

Portanto, se você quer ter a experiência da unicidade, mas não se conforma em ter um envolvimento superficial com o conceito, e se você quer ter a experiência da sua espiritualidade, mas não se conforma em ter um envolvimento superficial com o conceito, tente fazer a si mesmo essas duas perguntas. Verifique se elas são eficazes para você tanto quanto foram para mim.

A Ferramenta 3 me convida a estar sempre atento a como posso encarar essa ideia de escolher viver a experiência de Deus como parte de mim e como algo que já fez parte de minha vida. Cheguei à percepção de que *ambos, eu e você, já fizemos isso*. Nós simplesmente demos outro nome a isso.

Há alguns anos escrevi um livro intitulado *Comunhão com Deus*. Ele foi inteiramente escrito a partir do ponto de vista de Deus, e, pouco depois que chegou às livrarias, repórteres começaram a me pedir entrevistas, muitas das quais começavam com a mesma pergunta: "Como é que você ousa colocar Deus falando em primeira pessoa? Isso não lhe parece um pouco presunçoso?"

Essa é mais uma dessas perguntas sensatas. Embora eu não tenha sido o primeiro a escrever um livro como esse (longe disso, na verdade), pessoas com uma mente curiosa querem saber: como eu — aliás, qualquer pessoa — ouso colocar palavras na boca de Deus dessa maneira?

A primeira resposta que dou é que não estou colocando palavras na boca de Deus. Deus é que está colocando palavras na minha. Além disso, Deus está fazendo a mesma coisa com *todos nós*. Não sou a única pessoa no planeta que está falando palavras de Deus.

Todos nós estamos em comunhão com Deus o tempo todo. Todos nós, incluindo você, já expressaram a voz de Deus em primeira pessoa.

Se você alguma vez já falou sobre o amor com alguém, você já expressou a voz de Deus em primeira pessoa.

Se você alguma vez já falou sobre a compaixão com uma pessoa que carecia de compaixão, você já expressou a voz de Deus em primeira pessoa.

Se você alguma vez já falou sobre o perdão com uma pessoa que buscava o perdão (ou mesmo com alguém que não o buscava — principalmente esse tipo de pessoa), você já expressou a voz de Deus em primeira pessoa.

Se você alguma vez já brigou para ter justiça, já fez apelos pela paz, já aconselhou alguém a demonstrar misericórdia ou já propôs a alguém uma solução que fosse boa para ambas as partes, você já expressou a voz de Deus em primeira pessoa.

Se você alguma vez já consolou, reconfortou, motivou, inspirou ou parabenizou uma pessoa, você já expressou a voz de Deus em primeira pessoa.

Se você alguma vez já renovou a fé de uma pessoa (sobretudo a fé nela mesma), renovou as esperanças de alguém, reavivou o sonho de alguém, colocou alguém diante da própria grandiosidade, você já expressou a voz de Deus em primeira pessoa.

Se você alguma vez já demonstrou respeito pela verdade de alguém, dissipou as dúvidas e os medos de alguém, o fez lembrar a bondade que há em si, enfatizou suas virtudes, amenizou a ansiedade de alguém, trouxe alívio aos pensamentos de alguém ou continuou sendo amigo de alguém, você já expressou a voz de Deus em primeira pessoa.

Não é difícil expressar voz de Deus em primeira pessoa. Mais difícil é não fazer isso. Para tanto, você precisa se distanciar e *abandonar* sua verdadeira natureza.

Quando você permite que Deus coloque palavras em sua boca, sempre falará a verdade, sempre falará de modo sensível e alerta, sempre falará sobre como encontrar soluções, sem se preocupar com quem são os culpados.

Você sempre falará o que pensa, mas sempre falará a partir do coração, e sempre falará usando a sabedoria e a delicadeza que vêm de sua alma. Você comunicará a sua verdade, mas recorrerá à paz para amenizar suas palavras.

Cada momento é um momento de comunhão com Deus... e poderemos viver a experiência dessa comunhão se rejeitarmos, conscientemente, a teologia da separação e decidirmos que Deus será parte de nós.

Portanto, ao longo do dia de hoje, ao escolher as palavras que usará em suas falas — sejam quais forem tais palavras —, pergunte a si mesmo: "É isso o que quero que Deus diga ao mundo neste exato momento?"

A experiência | 145

Imagine como seria a sua vida se você decidisse que cada simples palavra é uma Palavra de Deus.

Isso lhe deixa com uma sensação de responsabilidade excessiva? É um peso maior do que o que você gostaria de ter sobre os ombros?

Bem, não há nada a fazer. Pois cada palavra que você diz *é* a Palavra de Deus... a menos que a sua essência e a essência de Deus *sejam* completamente separadas e *não sejam* "uma só" — nesse caso, você pode descartar tudo o que leu neste livro até aqui.

No entanto, consigo compreender o porquê dessa sensação de responsabilidade excessiva. Mas e se você não tomasse isso como um fardo, e sim como uma oportunidade? E se você encarasse isso como uma chance de simplesmente acolher a sua ideia mais grandiosa sobre o que significa a Divindade e escolhesse fazer isso a cada momento?

Se você encarar as coisas dessa maneira — como um "convite", não como uma "exigência" —, sua vida inteira poderá, de uma hora para outra, se tornar uma grande aventura. A cada dia você despertará extremamente empolgado, perguntando a si mesmo: "O que será que Deus quer dizer ao mundo hoje por meu intermédio?"

É uma pergunta intrigante, não acha? Isso se considerarmos a hipótese de que você esteja disposto a se perguntar a cada manhã: "O que será que Deus quer dizer ao mundo hoje por meu intermédio?"

Portanto, faço agora o convite a nós todos para que observemos com maior atenção o que estamos trazendo

146 | *O caminho essencial*

para o mundo exterior. E que verifiquemos se queremos fazer pequenos ajustes, aqui e ali... de vez em quando... para que possamos aproximar as nossas declarações das Declarações de Deus.

Será que você sente que essa pode ser uma experiência válida a ser feita esta semana?

Imagino que você acabará constatando que essas três ferramentas podem ter um grande impacto em sua vida, realmente o ajudando não apenas a *conceitualizar* a si mesmo como um ser espiritual que se manifesta materialmente e uma essência que se manifesta individualmente, mas *vivenciar* a si mesmo nessa condição.

Na verdade, há uma lista de maneiras que lhe mostram como você pode fazer isso. Deixei esta lista para a nossa conclusão.

A conclusão

Estamos todos fazendo o nosso melhor, mas não nos enganemos. Não estamos trilhando um caminho fácil. A jornada que vai do nascimento à morte não é um piquenique. Ela *pode* trazer mais alegrias... ser mais gratificante e mais maravilhosa... se soubermos quem e o que Somos. Se soubermos que *realmente* somos seres espirituais/um único ser.

É lamentável que ninguém tenha nos ensinado isso na escola. Ninguém nos ensinou isso em nossos templos sagrados. Isso nunca foi tema de conversas durante as refeições em casa. Ninguém nos apresentou essas informações quando éramos jovens, a fim de nos prepararmos para a vida adulta. Isso nunca nos foi oferecido.

Portanto, nunca tivemos uma ideia exata (se é que tivemos alguma vaga ideia) de como chegamos aqui ou aonde estamos indo depois de deixarmos este lugar — e muito menos de como podemos fazer com que tudo isso funcione *enquanto* estamos aqui.

Ora, neste livrinho, espero ter oferecido informações e fatos que você talvez possa considerar convincentes sobre o que

148 | *O caminho essencial*

está se passando neste planeta e por quê, e algumas sugestões úteis de maneiras de expressar e conhecer nossa verdadeira natureza, apesar de tudo que está ocorrendo. Para então podermos começar a mudar o atual estado de coisas.

Quero então lhe apresentar a seguir, como conclusão desta investigação, uma *lista* de tais maneiras.

Esta lista foi oferecida a nós no texto do livro 4 de *Conversando com Deus*: *Awaken the Species* [Despertando a espécie].* Nele descrevo 16 diferenças entre o comportamento de uma espécie desperta e o de seres humanos vivendo num estado não desperto. Transcrevo novamente esta lista aqui, pois acredito que a humanidade recebe um enorme benefício quando informações úteis são repetidas com a maior frequência possível.

Vejamos então como seria conhecer nossa verdadeira natureza no nível mais elevado.

1. Uma espécie desperta enxerga a unidade de toda a vida e vive isso em profundidade. Humanos num estado não desperto muitas vezes negam ou ignoram isso.

2. Uma espécie desperta sempre diz a verdade. Humanos num estado não desperto muitas vezes mentem para os outros e para si mesmos.

3. Os indivíduos de uma espécie desperta dizem uma

---

* Livro ainda sem tradução no Brasil; dessa série, foram lançados os livros 1, 2 e 3. [N. do T.]

coisa e praticam o que dizem. Humanos num estado não desperto muitas vezes dizem uma coisa e fazem outra.

4. Uma espécie desperta, tendo enxergado e reconhecido aquilo que *simplesmente é*, sempre fará aquilo que é eficaz. Humanos num estado não desperto muitas vezes fazem o oposto.

5. Uma espécie desperta não adota em sua civilização princípios relacionados àquilo que os humanos denominam "justiça" e "castigo".

6. Uma espécie desperta não adota em sua civilização princípios relacionados àquilo que os humanos denominam "insuficiência".

7. Uma espécie desperta não adota em sua civilização princípios relacionados àquilo que os humanos denominam "propriedade/posse".

8. Uma espécie desperta compartilha tudo com todos, o tempo todo. Humanos num estado não desperto raramente fazem isso e compartilham apenas num número limitado de circunstâncias.

9. Uma espécie desperta cria um equilíbrio entre tecnologia e cosmologia, entre as máquinas e a natureza. Humanos num estado não desperto raramente fazem isso.

10. Uma espécie desperta jamais, sob circunstância alguma, aniquilaria a atual manifestação material de

150 | *O caminho essencial*

outro ser senciente, a menos que esse ser lhe pedisse expressamente para fazê-lo. Humanos num estado não desperto muitas vezes matam outros humanos sem que estes lhe peçam para fazê-lo.

11. Uma espécie desperta jamais faria algo que pudesse trazer danos ou prejuízos potenciais ao meio ambiente que envolve os membros da espécie enquanto eles vivem no mundo material. Humanos num estado não desperto muitas vezes fazem isso.

12. Uma espécie desperta jamais envenena a si mesma. Humanos num estado não desperto muitas vezes fazem isso.

13. Uma espécie desperta nunca entra em competição. Humanos num estado não desperto muitas vezes competem entre si.

14. Uma espécie desperta tem a clareza de que não precisa de nada. Humanos num estado não desperto muitas vezes criam uma experiência que se baseia na necessidade.

15. Uma espécie desperta conhece e expressa amor incondicional por todos. Humanos num estado não desperto raramente são capazes de *imaginar* uma Divindade que faça isso, muito menos de fazer isso eles mesmos.

16. Uma espécie desperta tira proveito do poder da metafísica. Humanos num estado não desperto em grande medida ignoram isso.

A conclusão | 151

Nas vezes que li essa lista, durante palestras ou retiros, invariavelmente as pessoas me pediam para falar sobre ela em mais detalhe. Claro que todos esses itens já foram examinados a fundo neste livro, mas trago a seguir um breve aprofundamento dos dois itens sobre os quais as pessoas mais me perguntam: os tópicos 4 e 8.

Em relação ao item 4, fazer aquilo que é eficaz:

Se o seu objetivo é viver uma vida de paz, alegria e amor, *a violência não será eficaz. Isso já foi demonstrado.* Seja como for, nós fazemos o contrário.

Se o seu objetivo é ter uma vida saudável e longeva, consumir diariamente animais mortos, fumar produtos comprovadamente cancerígenos e beber litros de líquidos que amortecem os nervos e danificam o cérebro *não são atitudes eficazes. Isso já foi demonstrado.* Seja como for, nós fazemos o contrário.

Se o seu objetivo é proteger seus filhos da violência e da raiva, deixá-los expostos a filmes, programas de televisão e até mesmo a videogames com cenas de intensa violência e raiva no período de vida em que eles são mais influenciáveis *não será eficaz. Isso já foi demonstrado.* Seja como for, nós fazemos o contrário.

Se o seu objetivo é cuidar da Terra e preservar sabiamente os recursos que ela nos oferece, agir como se tais recursos fossem ilimitados *não será eficaz. Isso já foi demonstrado.* Seja como for, nós fazemos o contrário.

Se o seu objetivo é descobrir e cultivar um relacionamento com uma Divindade amorosa, de modo que a religião possa fazer diferença nos assuntos humanos, os ensinamentos de um deus moralista, punitivo e retaliador *não serão eficazes*. Isso *já foi demonstrado*. Seja como for, nós fazemos o contrário.

Em relação ao item 8, sobre o compartilhamento de todas as coisas com todos, o tempo todo:

Compartilhar não significa distribuir tudo que você tem a todas as pessoas que você conhece ou que encontra no caminho. Significa partilhar livremente seu tempo, talentos, dons, recursos e abundância com as pessoas que precisam deles — mas não de um modo que esgota tudo o que você possui, deixando-o sem mais nada a ser compartilhado. Significa doar *uma parte* daquilo que você possui, não doar *tudo* o que você possui. É por isso que se chama *partilhar*, não *todartilhar*. E significa compartilhar não apenas com as pessoas mais próximas a você, mas em toda parte que você encontrar alguém com necessidades a quem possa ajudar.

Acredito que todo tipo de comportamentos de uma espécie plenamente desperta surgirão espontaneamente nos humanos no momento em que decidirmos que a essência essencial a que damos o nome de Divindade será conhecida como uma parte de nós, a essência a partir da qual todos os seres e todos os aspectos da vida são formados.

Acredito que nossas decisões e escolhas individuais, nossas ações e prioridades mudarão radicalmente no momento em que admitirmos, em nosso íntimo, que a presença do espírito de Deus dentro de nós é um aspecto normal da vida cotidiana e então decidirmos, finalmente, reconhecer a Divindade como aquilo que ela sempre foi: nossa verdadeira natureza.

Você mesmo é uma prova disso. Quero reforçar novamente essa ideia, para que você nunca mais a esqueça. Isso não foi enfatizado o suficiente. Na verdade, algumas religiões nos disseram que somos todos pecadores; que *nascemos* em pecado — o "pecado original", como eles o denominam — e que estamos muito distantes do Divino.

No entanto, o fato de que Deus vive dentro de você é revelado em cada dádiva de si que você oferece, da maneira que seja, a todas as pessoas cuja vida você um dia tocou com o milagre do amor. Pois, se o amor expressado *por meio* de você não for a prova do Deus que existe *dentro* de você, não existe mais nenhuma prova.

A Divindade brilha através de você a cada vez que seu sorriso ilumina alguém, a cada vez que você reconhece os dons de alguém, a cada vez que uma pessoa se sente renovada quando você honra as virtudes dela e lembra a ela o valor que ela tem — e, certamente, a cada vez que você se lembra de alguém com amor no coração.

Nesses momentos, não há como você negar a presença da Divindade dentro de si, mesmo que tente. Você a sente, você a conhece e, seja qual for o nome atribuído a ela pela sua filosofia ou teologia pessoal, você tem a profunda compreensão de que ela é a sua verdadeira natureza.

Em muitos, inúmeros momentos de sua vida, você tem sido bondade, misericórdia, compaixão e compreensão.

154 | *O caminho essencial*

Você tem sido perdão, paciência, força e coragem, uma pessoa que dá assistência a alguém que vive um momento de necessidade, uma pessoa que reconforta quando alguém vive um momento de sofrimento, uma pessoa que ensina quando alguém vive um momento de confusão. Em muitos momentos, você já se revelou a mais profunda sabedoria e a verdade mais elevada; o melhor companheiro e o amor mais grandioso.

Sua alma sabe quem você é, e agora sua mente escolhe aceitar aquilo que sua alma já conhece e que tem lhe mostrado desde sempre. Você é um ser espiritual que se manifesta materialmente e uma essência que se manifesta individualmente.

Essa é uma essência compartilhada por todos e por tudo que existe.

Resta ainda alguma dúvida sobre o que é essa essência? Não.

Portanto, seja ela.

Eu lhe digo isso com sentido literal: *seja ela*.

Quero concluir a partilha que fiz com você neste livro com as seguintes reflexões da poeta norte-americana Em Claire, que tenho a bênção de poder chamar de minha esposa.

> *Não sei se meu deus é*
> *o mesmo que o seu deus:*
>
> *Ele é feito de Amor?*
> *Ele deseja para você*

o mesmo que você deseja para si mesmo?
Ele vem até você
de mãos abertas,
sem lhe pedir nada,
mas disposto a tudo?

Ele sussurra a você
sobre a Luz e a Quietude,
e lhe mostra a direção
de qualquer um dos caminhos
que o levará até lá?

Ele o faz se lembrar
da sua Visão?
Ele o faz se lembrar
do seu Conhecimento?
Ele o faz se lembrar
do Amante mais Delicado
com quem você já sonhou,
acariciando a fadiga
do seu coração?

Em algum momento ele se atrasa?

Em algum momento ele está ausente?
Ele é feito de Amor?

© 2018 Em Claire
emclairepoet.love

Posfácio

Leitores de meus livros anteriores talvez reconheçam algumas das ideias que enfatizei neste texto a partir de postagens on-line, mensagens publicadas nas redes sociais ou mesmo trechos de um livro anterior meu.

Se esse for o seu caso, quero agradecer por me permitir dar sequência à minha determinação de oferecer às pessoas de todos os países, mesmo correndo o risco de soar repetitivo, uma mensagem capaz de mudar a vida e o mundo (pela qual não assumo os créditos; ela me foi transmitida numa série de diálogos que publiquei sob o título de *Conversando com Deus*).

Acredito que o problema da crescente Alienação das pessoas deste planeta não é um pequeno dilema contemporâneo e tenho clareza sobre o que pode sanar as feridas e as divisões causadas pela postura cada vez mais inflexível adotada por indivíduos e empresas, por partidos políticos e grupos com interesses particulares, por governos e até mesmo pelas religiões, à medida que avançamos neste século XXI.

158 | *O caminho essencial*

Sou grato pela oportunidade de partilhar essas ideias com você aqui e espero que você esteja de acordo com elas. Porém, concordando ou não, fique à vontade para compartilhar seu ponto de vista comigo. Mantenho um constante interesse em quaisquer perguntas ou comentários relacionados a esses conceitos — especialmente quando dizem respeito à sua experiência diante da atual situação do mundo.

Se você julgar que isso pode lhe ser útil, faço o convite a se manter conectado à energia que encontrou aqui, juntando-se a mim e a nós todos no planeta na página www.CWGConnect.com. Tentemos, juntos, alcançar a massa crítica no que se refere ao número de pessoas que escolhe trilhar o caminho essencial.

Proponho espiarmos a descrição deste verbete no dicionário para entendermos melhor a descrição deste caminho.

> ESSENCIAL: fundamental ou central para a natureza de algo ou de alguém. Algo que é absolutamente necessário.

Acredito que o caminho que conduz à aceitação de nossa verdadeira natureza seja fundamental e central para a plena expressão da "natureza humana". Vejo isso realmente como um próximo passo *absolutamente necessário* para a evolução da humanidade.

Sei bem que está levando mais tempo do que Victor Hugo imaginava, mas mesmo assim eu gostaria que a crença dele no irrefreável progresso humano reverberasse.

Posfácio | 159

Victor Hugo também disse: "Não há nada mais poderoso do que uma ideia cujo momento tenha chegado." Seu cálculo de quando tal momento chegaria não foi exato, mas o teor de seu comentário certamente foi.

Acredito que hoje, em razão do poder desenvolvido pela humanidade de disseminar uma ideia em nível planetário, já chegamos a este momento. E já podemos agora desembaraçar todos os fios que emaranhamos juntos ao longo dos séculos neste planeta, fios que acabaram criando as tensões e os conflitos presentes no mundo atual. Podemos tomar a ousada decisão de nos declararmos seres espirituais que se manifestam materialmente e uma essência que se manifesta individualmente.

Como já foi evidenciado aqui, essa ideia está em sintonia com as mensagens bíblicas e espirituais de tempos passados. Despeço-me aqui transcrevendo uma frase extraída de uma fonte mais contemporânea, um querido amigo e um indivíduo de maravilhosa sabedoria e plenamente integrado, Eckhart Tolle: "Na quietude da sua presença, você poderá sentir sua própria realidade disforme e atemporal — a vida não manifesta que anima sua forma física. Você poderá então sentir a mesma vida bem no interior de todos os outros seres humanos e de todas as outras criaturas. Conseguirá ver para além do véu da forma e da separação. É isso a realização da unicidade. É isso o amor."

Este livro foi composto na tipografia Minion Pro,
em corpo 12/16,5, e impresso em
papel pólen natural no Sistema Cameron da
Divisão Gráfica da Distribuidora Record.